MONSEIGNEUR DARBOY

L'ABBÉ DEGUERRY

L'ABBÉ PAUL SEIGNERET

3ᵉ SÉRIE PETIT IN-8ᵉ

Portrait de Mgr Darboy.

MONSEIGNEUR DARBOY

L'ABBÉ DEGUERRY

L'ABBÉ PAUL SEIGNERET

TOURS

MAISON ALFRED MAME ET FILS

PRÉFACE

Si nous avons cru pouvoir intituler ce modeste ouvrage : *Figures de Martyrs,* ce n'est pas que nous ayons, en aucune manière, la témérité de préjuger des décisions suprêmes de l'Église. A elle seule il appartient de décerner ce titre glorieux et de mettre l'auréole au front de ses élus. Les décrets du pape Urbain VIII sont formels sous ce rapport ; nous y souscrivons avec un filial respect.

Martyrs, sous notre plume, signifie donc simplement victimes ; mais victimes immolées pour la sainte cause de la religion, de l'ordre, de la justice.

Parmi ces nobles sacrifiés de tout rang, de tout âge, de toute condition, puisque prélats, prêtres, religieux, civils, gardiens de Paris, etc., s'y trouvent indistinctement confondus, nous avons choisi trois personnalités qui nous semblent plus particulièrement résumer toute la hiérarchie sacrée à ses divers degrés : un pontife, un pasteur, un simple clerc ; Mgr Darboy, M. l'abbé Degüerry, M. l'abbé Paul Seigneret. Un archevêque, un simple prêtre, un humble séminariste : c'est bien, ce nous semble, toute la hiérarchie de l'Église frappée en quelque sorte d'un seul coup, le même jour, par les mêmes bourreaux et pour la même cause.

Les autres martyrs de la Commune appartenant à divers ordres religieux tels que les RR. PP. Olivaint, Clerc, Ducoudray, de la Compagnie de Jésus, ont trouvé leur digne historien dans la personne du R. P. de Pontlevoy, de la même Compagnie. Il en est de même des Pères de Picpus, des Missions-Étrangères, des Dominicains d'Arcueil, etc. Nous-même, en écrivant ces pages rapides, nous n'avons fait en quelque sorte que résumer la *Vie de Mgr Darboy*, par Son Ém. le cardinal Foulon, archevêque de Lyon, et aussi le beau livre de M. Imbert de Saint-Amand intitulé : *Deux victimes de la Commune.*

Ces pages, quelque douloureuses qu'elles soient, portent avec elles leur enseignement et leur édification. Elles nous montrent ce que devient un peuple, même le meilleur, quand il a chassé momentanément Dieu de sa pensée, de sa conscience, de ses lois. Il y a donc une barbarie pire que celle qui précède les civilisations : c'est celle qui les suit.

Et quand on pense que les crimes qui sont racontés ici ont été perpétrés il y a moins de trente ans, on frémit à la pensée que demain peut-être nous pourrions revoir les mêmes horreurs et les mêmes bourreaux. Ce qui nous console, c'est que si les hommes ont les mêmes passions, l'Église produit les mêmes vertus, et que, comme Rome antiqué, elle n'aurait qu'à frapper du pied la terre de France pour en faire sortir une légion nouvelle de héros et de martyrs !

MONSEIGNEUR DARBOY

I

Naissance de Georges Darboy. — Sa piété, son intelligence,
ses rapides succès.

Geroges Darboy naquit à Fayl-Billot, gros bourg
de la Haute-Marne, à vingt-cinq kilomètres de
Langres, le 16 janvier 1813.

Son père, J.-B. Darboy; sa mère, Françoise Gauley,
tenaient une modeste maison d'épicerie et de mer-
cerie. Ils étaient chrétiens, laborieux, honnêtes. Le
vénérable curé de Fayl-Billot, l'abbé Daubrive, avait
déjà deviné la vocation de l'enfant, qui se faisait
remarquer par une aptitude spéciale au travail. Sa
facilité était extrême, sa piété était grande, sa tenue
parfaite. La première communion de Georges fut
une transformation profonde; Dieu le révéla en
quelque sorte à lui-même. Sa piété augmenta; son
esprit se développa à tel point, que le bon curé

n'hésita plus; il lui fit donner des leçons de latin par son vicaire, l'abbé Lambert, et le prépara au petit séminaire, où il entra après les vacances de Pâques 1827, et débuta en cinquième. A partir de ce moment ses progrès furent incessants et toujours victorieux. On peut même dire que la vie de Georges Darboy n'est autre chose que l'histoire d'une intelligence. Deux mots la résument, deux mots **qui** seront plus tard sa devise épiscopale : *Labore et fide*, le travail et la piété. Georges fut un grand travailleur; c'est au travail continu, progressif, qu'il dut cette haute culture intellectuelle qui en fit un des plus grands et des plus lumineux esprits de ce siècle.

Mais sa rhétorique s'achevait en 1831; le petit séminariste allait entrer au grand séminaire de Langres, dirigé par le pieux supérieur Barillot et par des professeurs aussi pieux que réguliers et instruits.

Dans les grands séminaires on étudie deux belles sciences : la philosophie et la théologie. La première met de la lumière et de la rectitude dans les idées et dans la raison; la seconde nous apprend à connaître Dieu, et à admirer dans son ensemble et dans ses détails ce magnifique édifice que les siècles ont construit d'après le plan divin et qui s'appelle la Religion. Aucune intelligence n'était mieux préparée que celle du jeune Darboy à comprendre cette belle synthèse, car cette étude demande un esprit *sérieux*, et personne n'était, pour son âge, plus sérieux que le grand séminariste en question.

Pendant cinq années consécutives, Georges Darboy étudia toutes les sciences sacrées : Écriture sainte, Pères de l'Église, théologie, philosophie, histoire. Le 17 décembre 1836, il fut ordonné prêtre par Mgr Parisis, évêque de Langres ; célébra avec une pieuse émotion sa première messe dans l'église de son pays natal, et fut nommé quelques jours après professeur au petit séminaire de Langres. Le disciple d'hier avait été jugé digne de passer maître dès le lendemain. Mais une combinaison administrative força l'évêque à revenir sur sa première décision, et l'abbé Darboy fut envoyé comme vicaire à Notre-Dame de Saint-Dizier.

Nous n'entrerons pas dans les détails de son nouveau ministère. Qu'il nous suffise de dire que l'abbé Darboy avait un vrai cœur de prêtre, une âme éminemment sacerdotale, et que, par conséquent, il apporta dans chacune de ses fonctions : prédications, confessions, catéchismes, etc., un zèle pastoral, une sollicitude irréprochables. On a longtemps gardé le souvenir d'un mois de Marie très remarquable, qu'il prêcha à l'église Notre-Dame, et qui attira un nombreux auditoire ; car ce genre de prédications, à cette époque, était peu usité. Ses succès, son talent d'orateur chrétien, avaient attiré sur lui l'attention de l'autorité ecclésiastique ; aussi à quelque temps de là Mgr Parisis appela-t-il le vicaire de Saint-Dizier à son grand séminaire pour y professer la philosophie, cette science qu'il aimait tant et qui convenait si bien à sa haute et lucide raison.

L'abbé Darboy débuta comme un maître. Les

fortes et consciencieuses études qu'il avait faites autrefois lui rendaient le professorat facile; et puis, il était né professeur; il avait, si l'on peut s'exprimer ainsi, « le tempérament doctoral. »

C'est une grande et précieuse chose que le professorat; il n'y a rien qui forme aussi bien et aussi vite l'intelligence que la mission de former et d'instruire d'autres intelligences. On ne sait jamais bien que ce que l'on a enseigné aux autres; car pour bien enseigner il faut apprendre deux fois, une fois pour soi et une autre fois pour ses disciples, pour ses élèves. Aussi est-il à remarquer que les hommes les plus distingués non seulement dans l'Église, mais encore dans le siècle, les grands hommes d'État, les politiques éminents, ont débuté par le professorat. C'est durant ce stage intellectuel, plus ou moins prolongé, qu'ils ont agité les idées, les systèmes, les méthodes qui ont mis dans leur esprit de l'ordre, de la clarté, de la force : en trois mots, voilà tout l'abbé Darboy. Esprit méthodique, lucide, vigoureux, il l'a été dès sa jeunesse, il le sera toute sa vie; et ce triple caractère marque chacune de ses œuvres, depuis sa célèbre traduction de *Denys l'Aréopagite*, jusques à ses mandements épiscopaux, si remarquables et si admirés.

II

Nous n'avons pas l'intention d'analyser les œuvres
théologiques et littéraires de M. l'abbé Darboy. Cette
étude sortirait du cadre que nous nous sommes
imposé, ainsi que du but que nous nous sommes
proposé. Mais nous voulons raconter l'histoire de
cette âme, et pour cela il est nécessaire que nous
la suivions pas à pas, étapes par étapes, dans sa
marche lumineuse et progressive vers la plénitude
de la science et de la vérité. Rien n'est beau comme
l'ascension d'une belle intelligence vers la lumière;
le soleil qui monte à l'horizon n'inonde pas le ciel
de plus radieuses clartés!

L'abbé Darboy traduisit, en 1841, les œuvres
d'un des génies les plus extraordinaires des premiers siècles de l'Église : nous voulons parler de
saint Denys l'Aréopagite, que la tradition croit avoir
été le premier évêque de Paris, et aussi le premier

martyr de la métropole gauloise, celui qui a donné son nom à la célèbre colline de Montmartre. Cette traduction est remarquable par sa fidélité. L'abbé Darboy était très fort en grec, ce qui était assez rare à cette époque, où l'hellénisme n'était pas en honneur comme aujourd'hui ; mais ce qui attira surtout l'attention sur l'ouvrage de M. l'abbé Darboy, ce fut la préface qui le précédait, et qui était un vrai chef-d'œuvre. Mgr Affre étant venu, vers la fin de juillet 1845, consulter Mgr Parisis, sur les plus graves questions religieuses du temps, celui-ci parla à l'éminent archevêque de l'abbé Darboy et de son livre. Mgr Affre, toujours à la recherche des hommes distingués et des ouvrages savants, lut le livre en question, et demanda à voir l'auteur, qu'il félicita chaleureusement. Il lui fit même comprendre que sa place était plutôt à Paris, parce que là, dans ce grand centre de la pensée toujours en travail, un esprit curieux et profond comme le sien trouverait des ressources qui n'existent nulle part ailleurs.

L'abbé Darboy ne se pressa point ; il réfléchit longtemps, entretint une correspondance assez suivie avec Mgr Affre, successeur de saint Denys dans la double gloire de l'épiscopat et du martyre, et, vers la fin de 1849, l'abbé Darboy quitta Langres, son diocèse d'origine, et s'incorpora au clergé de Paris.

Mgr Affre venait de fonder la maison des Carmes : c'est là qu'il plaça l'abbé Darboy dès son arrivée dans la capitale. Cette maison des Carmes a une histoire, et une histoire écrite avec du sang ; car l'église des Carmes avait été témoin des terribles massacres de la Révolution. C'est une prédestination singulière que celle de l'abbé Darboy !

Toute sa vie cet homme fut en quelque sorte conduit, préparé, orienté vers le martyre. Son premier ouvrage, c'est l'histoire et la traduction des œuvres d'un martyr ; sa première amitié illustre dans l'Église, c'est celle de Mgr Affre, l'archevêque martyr de 1848 ; le premier ministère qu'il exerce à Paris, c'est dans cette maison des Carmes encore empourprée du sang et de la mémoire des martyrs. Sous ce rapport, sa destinée semble avoir été écrite à l'avance. Il en avait le vague mais intime pressentiment. Dans un article, publié en 1841, sur des questions de polémique religieuse, il écrivait ces paroles significatives et vraiment révélatrices de son état d'âme :

« Quand donc on viendra me demander ma tête pour le nom de Jésus-Christ, j'espère, de la grâce de Dieu, avoir le courage de la présenter en joignant les mains et en priant pour mes bourreaux, comme faisaient nos aînés il y a cinquante ans. »

Prophétie étrange de ce qui devait arriver à la lettre trente ans plus tard, presque jour pour jour.

Le 14 janvier 1846, Mgr Affre, pénétré, convaincu chaque jour davantage de la haute valeur de l'abbé Darboy, le nomma second aumônier au lycée Henri IV. Le premier aumônier était alors M. l'abbé Duquesnay, que tout Paris a connu, admiré comme curé de l'une des plus grandes paroisses de la capitale, Saint-Laurent, et qui, plus tard, succéda à Fénelon sur le siège archiépiscopal de Cambrai.

Heureux le lycée qui possédait alors comme aumôniers deux hommes tels que l'abbé Darboy et l'abbé Duquesnay ; l'un, éminemment instruit, au courant de toutes les questions de la polémique moderne, parlant avec autorité et clarté, ayant un ascendant considérable sur les élèves des classes supérieures et aussi sur les professeurs de l'Université eux-mêmes ; l'autre, ancien missionnaire, âme apostolique, ardente, à la parole forte, hardie, toujours improvisée, imposant à tous le respect par son influence éminemment sacerdotale.

L'Église était fière de pouvoir montrer deux prêtres aussi distingués à cette Université, qui était alors sa rivale dans l'ordre philosophique et pédagogique à la fois. Néanmoins, malgré de si hautes qualités, les deux aumôniers du lycée Henri IV n'eurent pas grande consolation. Leur ministère fut peu fructueux. La rivalité était alors trop vive entre l'Université et l'Église. Cependant l'abbé Darboy remplit son devoir avec dignité, autorité et fidélité. Il écoutait avec patience les objections des élèves, les réfutait avec clarté, science et douceur, et disait quelquefois à cette jeunesse secrètement blessée dans l'intime de sa conscience de dures vérités, comme celle-ci, par exemple :

« C'est le cœur qui fait mal à la tête ; ce qui s'oppose à la foi, ce n'est pas la raison qui éclaire, c'est là passion qui aveugle ; lorsque la foi baisse, ce n'est pas, à coup sûr, la vertu qui monte. »

Aussi, durant son ministère d'aumônier de lycée, s'efforça-t-il de guérir ces blessures du cœur, et il y réussit certainement quelquefois, bien qu'il appelât son ministère « un ministère inconsolé ».

Sur ces entrefaites, les grands événements de 1848 arrivèrent ; nous allons voir l'abbé Darboy faisant l'apprentissage du martyre auprès de Mgr Affre.

Les insurrections de 1848 avaient pour centre principal, pour foyer le plus intense, le quartier du Panthéon, qu'habitait précisément l'abbé Darboy : c'est dire qu'il fut immédiatement menacé. En effet, le 23 juin, il vit que l'on construisait des barricades juste en face du collège. L'aumônier avait alors les audaces de la jeunesse et aussi cet admirable sang-froid dont il fit preuve plus tard, dans une autre révolution qui devait lui mettre au front l'auréole du martyre. Vers trois heures du soir, il alla parlementer avec les insurgés. Après trois quarts d'heure de raisonnements inutiles, l'abbé Darboy dut se retirer, car un des insurgés était devenu menaçant.

« Tenez, mon ami, lui dit l'abbé Darboy en lui montrant les fenêtres de son logement, c'est là que je demeure, et je rentre de suite chez moi ; vous saurez où venir me trouver. »

Et il le quitta. Quelques instants après, une balle brisait une des vitres de sa chambre et se logeait dans sa bibliothèque. L'abbé Darboy, sans s'émouvoir, brûla ses papiers et s'occupa exclusivement de l'ambulance qui était improvisée dans l'infirmerie du collège. Quelques blessés ont conservé le souvenir de son dévouement dans la circonstance.

« Quel homme c'était, disait l'un d'eux, Martin, ferblantier du quartier, longtemps après les événenements de l'époque; quel brave homme c'était! Il passait avec nous des heures entières; tantôt il nous faisait rire, tantôt il nous faisait pleurer. On ne se doute pas du bien qu'il nous a fait. Il nous a tous convertis; je crois qu'il aurait converti Abd-el-Kader lui-même. »

Le 24 juin au matin, Mgr Affre était venu au lycée; l'abbé Darboy s'entretenait avec lui des périls de la situation, lorsque tout à coup une cinquantaine d'insurgés envahissent le jardin du lycée. L'archevêque envoya l'aumônier parlementer avec eux; il le fit avec succès. Mais la situation était grave; le canon tonnait sur le Panthéon; les balles pleuvaient dans la cour du collège; les élèves, effrayés, vinrent demander à l'aumônier de les confesser.

« Ah! poltrons, leur dit-il en riant, je vous reconnais bien là : vous n'étiez pas si pressés la veille de Pâques. »

Mais il en profita et les confessa tous.

Le lendemain, hélas! tout avait cessé; mais la révolution avait fait ses victimes : le général Bréa, son aide-de-camp de Mengin, et l'illustre archevêque de Paris, Mgr Affre, dont tout le monde sait trop bien la mort intrépide, héroïque, pour que nous la racontions ici.

L'abbé Darboy pleura amèrement Mgr Affre. Il perdait en lui un protecteur, un conseiller, un ami. Il parla souvent de sa mort sublime; le souvenir de cet épisode tragique ne s'effaça jamais de sa mémoire ni de son cœur.

Mort de Mgr Affre.

III

L'abbé Darboy et M⁹ʳ Sibour. — Il est nommé successivem[ent]
professeur de philosophie au petit séminaire de Paris, [puis]
aumônier de l'École normale supérieure. — Vicaire [géné-]
ral. — Ses travaux philosophiques, polémiques, litt[éraires.]

Au mois d'octobre 1848, M⁹ʳ Sibour, évêque [de]
Digne, vint prendre possession du siège de Pari[s.]
M⁹ʳ Sibour était un homme de piété et de doctri[ne,]
un des champions les plus vaillants et les plus di[s-]
tingués de la liberté d'enseignement. C'est assez di[re]
qu'en arrivant à Paris il trouva dans l'abbé Da[rboy]
un soldat de la parole et de la plume qui le secon[da]
merveilleusement et prépara la célèbre victoire de [la]
loi de 1850, sur la liberté de l'enseignement ch[ré-]
tien.

L'abbé Darboy fut bientôt nommé, par le nou[vel]
archevêque, aumônier de l'École normale supérieur[e,]
vice-promoteur du diocèse de Paris. Quelque tem[ps]
après, il était nommé vicaire général. On le voi[t,]
marche était rapide ; mais elle s'imposait par l[e]
talent et l'ascendant intellectuel de ce prêtre distin[gué.]

gué, en qui le caractère et l'intelligence marchaient de pair. L'abbé Darboy disait un jour à Mgr Sibour :

« Je n'ai ni désir ni crainte ; je monte sans objection, je descends sans arrière-pensée. »

Il est tout entier dans cette parole, et ne la démentira jamais. Homme supérieur, il avait la conscience de sa valeur, sans orgueil ni prétentions ; prêtre pieux et soumis, il savait obéir. Plus tard, quand il sera prélat, il exigera la même attitude obéissante et passive de ses prêtres ; il en avait le droit, puisque lui-même en avait auparavant donné l'exemple. Celui-là peut commander qui a su d'abord obéir.

Toujours fidèle à sa devise : *Labore et fide*, le vicaire général Darboy se mit au travail. Il avait déjà publié de beaux livres qui l'avaient mis au rang des écrivains ecclésiastiques les plus distingués. Nous avons parlé de sa savante traduction des œuvres de Denys l'Aréopagite. Depuis, il avait fait une traduction non moins remarquable de l'*Imitation de Jésus-Christ*, ce livre incomparable qui, par le charme infini de son humilité et de sa piété, tente tous les esprits supérieurs, toutes les âmes fortes et grandes. C'est ainsi que les aigles aiment parfois à venir se désaltérer à la source limpide où boivent les colombes. La traduction de l'*Imitation* de M. l'abbé Darboy fut préférée par quelques-uns à celle de Lamennais. Les réflexions qui suivent chaque chapitre sont plus variées, plus étendues, plus pratiques et surtout moins amères que celles de l'illustre et malheureux égaré et, partant, plus à la mesure et à la portée ordinaire des âmes

Après l'*Imitation*, l'abbé Darboy, infatigable et
animé du désir le plus ardent de faire la lumière,
la conviction dans les esprits et les cœurs, publia
une série de biographies pieuses sur les *Femmes de
la Bible* et sur les *Saintes femmes de l'Évangile et
de l'Église*. C'était comme un commencement de la
nouvelle manière de traiter la vie des saints. Sous
ce rapport, l'abbé Darboy fut un initiateur ; il a
réformé et renouvelé l'hagiographie ; mais son plus
bel ouvrage et le plus important en ce genre, c'est
la *Vie de saint Thomas Becket*, archevêque de Cantorbéry et martyr de la liberté de l'Église. Nous
retrouvons ici ce pressentiment, cette intuition de
sa destinée qui caractérisa toujours le futur otage
de la Commune. La figure héroïque de ce pontife
martyr de l'Église d'Angleterre avait une attirance
instinctive, irrésistible, pour le pieux et docte écrivain sacré. Cette publication fit dans le public religieux et savant une sensation profonde ; c'est un des
joyaux les plus riches de son écrin littéraire.

A quelque temps de là, un de ses discours de
Nancy lui donnera, en souvenir de ce beau livre, la
croix pectorale de saint Thomas de Cantorbéry. Cette
précieuse relique, Mgr Darboy la gardera toujours
sur lui.

« J'en accepte l'augure, » dit-il en la recevant.

Aujourd'hui cette croix, deux fois sainte, est dans
le trésor de l'église métropolitaine de Notre-Dame ;
elle parle éloquemment des deux pontifes martyrs
qui l'ont portée sur leur poitrine.

Mais le siège de Paris semblait voué à de perpétuelles épreuves. Mgr Sibour était frappé par un poignard sacrilège, et le trône archiépiscopal en deuil pour la seconde fois. Pendant la vacance, l'abbé Darboy fut nommé vicaire général capitulaire de Paris, jusques à l'avènement du nouvel archevêque, Son Éminence le cardinal Morlot.

Le cardinal Morlot, archevêque de Tours, était le compatriote de M. l'abbé Darboy. Il était originaire de Langres. Sa nomination à Paris était d'un heureux augure pour l'abbé Darboy; il est vrai que celui-ci s'en inquiétait peu, car il n'avait, selon ses expressions, « ni désir ni crainte. » Il savait d'ailleurs que le nouvel archevêque était plein de bienveillance à son égard. En effet, cette haute bienveillance ne tarda pas à se manifester; car le cardinal Morlot, ayant été nommé grand-aumônier de l'empereur, proposa à l'abbé Darboy d'être le vicaire général de la grande-aumônerie; puis il lui fit l'invitation de prêcher le carême aux Tuileries (1859).

L'abbé Darboy fut un peu troublé de cette invitation; mais, après quelques jours de réflexion, il accepta. Le sujet qu'il prit fut : *le Devoir*, la manière chrétienne de l'accomplir. Ce sujet, il le traita avec une noble simplicité. Il parla successivement du *Libre arbitre*, du *Gouvernement de la vie*, de la *Charité*, de l'*Humilité*, de la *Souffrance*, etc. On le voit, ce plan, ces sujets n'étaient pas d'un courtisan, c'était bien le simple et pur Évangile que le prédicateur prononçait devant cet auditoire si élégant et si raffiné, le plus brillant de l'Europe. Ses compliments aux Majestés Impériales furent pleins de déli-

catesse et de mesure. Le carême de l'abbé Darboy
fit époque à la cour. Le maréchal Vaillant surtout
admira beaucoup l'orateur.

« Mais, dit-il un jour, c'est dommage qu'il ne
pose pas assez. »

Ce regret est le plus bel éloge que l'on puisse faire
d'un apôtre chrétien.

L'empereur lui-même félicita sincèrement son prédicateur, et lui donna en souvenir son portrait en-
richi de diamants.

Ce carême avait couronné en quelque sorte la
réputation d'orateur que l'abbé Darboy venait d'a-
jouter à celle d'écrivain. Aussi le cardinal Morlot
avait-il demandé à l'empereur de vouloir bien lui
accorder son vicaire général comme coadjuteur avec
future succession. La combinaison suivait son cours,
la conclusion en était imminente, lorsque tout à
coup, l'évêché de Nancy étant venu à vaquer par la
nomination de Mgr Menjaud à Bourges, l'empereur,
à son retour de la guerre d'Italie, encore enthou-
siasmé de sa victoire, signa, sur la proposition
du ministre des cultes Roulland, la nomination
du vicaire général de Paris à l'évêché de Nancy
(17 août 1859).

IV

Mgr Darboy, évêque de Nancy. — Son administration. —
Ses œuvres. — L'archevêque de Paris.

Mgr Georges Darboy fut sacré le 30 novembre 1859,
à Notre-Dame, par Son Éminence le cardinal Morlot,
au milieu de tout le clergé de Paris et d'un grand
concours de peuple. Puis, le 5 décembre, il entrait
solennellement dans sa ville épiscopale. Son mandement de prise de possession avait été fort remarqué;
mais le discours qu'il prononça dans sa cathédrale
acheva de le poser devant son peuple. On fut très
impressionné de l'autorité et de la vigueur de sa
parole. Il promit de se consacrer à son diocèse de
toutes ses forces.

« Mes forces ne sont pas très grandes, dit-il, mais
l'énergie de l'âme y suppléera. »

Et il le prouva.

En effet, l'œuvre épiscopale de Mgr Darboy fut
avant tout une œuvre d'autorité et de force, de conscience et de fermeté. Son principe d'administration

était celui-ci : Quand l'autorité se cache, l'obéissance se refuse.

« Il faut, disait-il, dans ce siècle d'irrévérence et de mépris, restaurer le respect et la soumission. »

On retrouvera souvent à Nancy, et plus tard à Paris, ces aphorismes brefs et graves sous sa plume et sur ses lèvres; ils émaillent ses mandements et ses discours. C'était chez l'évêque de Nancy une doctrine, une conviction. Volontiers il aurait répété la parole de Royer-Collard, du haut de la tribune française :

« Messieurs, nous périssons faute de respect. »

Esprit lucide, froid, méthodique, aimant l'ordre, Mgr Darboy avait le sens éminemment hiérarchique. Il avait toujours été soumis, respectueux, obéissant; il voulait que ses subalternes le fussent à leur tour : c'était son droit.

Hélas! c'est cet homme qui avait à un si haut degré le sens de l'ordre, la religion de l'autorité, qui devait mourir victime de la révolution, de l'anarchie!

Homme de travail et de science, c'est la science, c'est le travail que Mgr Darboy recommandait surtout à son clergé. Il n'aimait pas, dans les prédications ni dans les polémiques, les allusions politiques ni les violences de langage. Il voulait surtout que l'on défendît la cause de Dieu, non celle des personnes. On le voit, une haute sagesse basée sur une profonde expérience, sur une intelligence parfaite des hommes et du temps, présidait à chacun des conseils de l'éminent prélat. Il ne fut pas récompensé de cette modération ; car ses bourreaux et les détracteurs de sa mémoire le calomnièrent odieusement sous ce rapport. De politique, il n'en eut aucune à proprement parler, que celle de l'Église et de Dieu, de la conscience et du devoir.

Mais la vieille et noble terre de Lorraine ne vit que peu de temps l'évêque distingué que lui avait envoyé la Providence. Il y a pour certains hommes des prédestinations invincibles.

Le siège de Paris, dont il avait été sur le point d'avoir la coadjutorerie, l'appelait de nouveau pour y recueillir le sanglant mais glorieux héritage de Mgr Affre et de Mgr Sibour. En effet, le 29 décembre 1862, le pieux cardinal Morlot mourait, et le 10 janvier suivant un décret impérial nommait l'évêque de Nancy comme son successeur. Le pape Pie IX le préconisa dans le consistoire du 16 mars, et c'est au mois d'avril que Mgr Darboy vint prendre possession du premier siège de France, qu'il devait illustrer par son savoir, son mérite, ses vertus, sa glorieuse fin.

Nous nous étendrons peu sur les œuvres de son administration à Paris. Qu'il nous suffise de dire que le nouvel archevêque demeura fidèle à ses principes et à sa devise : *Labore et fide,* le travail et la piété. Son activité intellectuelle y fut incessante. Il était d'ailleurs admirablement secondé par les hommes éminents qui l'entouraient : M. l'abbé Buquet ; M. Surat, qui devait être fusillé à ses côtés sous la balle sacrilège des communards ; M. l'abbé Bautain, si célèbre dans les postes du haut enseignement, et aussi l'abbé Meignan, dont la mémoire nous est chère, et qui devint, après son brillant professorat en Sorbonne, vicaire général à Paris et archidiacre de Saint-Denis.

Nous dirons un mot seulement des mandements de Mgr Darboy. Ces mandements sont des monuments de doctrine, de style, de philosophie chrétienne. Quelques-uns mériteraient d'être répandus dans la France entière : par exemple, celui qui traite de la *Vérité de la religion chrétienne;* celui sur le *Devoir,* et surtout le mandement qui traite de la *Divinité de Jésus-Christ.* On nous permettra d'en citer seulement quelques passages :

« Jésus-Christ remplit le monde, les siècles portent son nom. Toutes les générations en passant s'inclinent devant Lui; ses autels, assis dans les consciences, environnés de respect et défendus par l'amour, bravent les injures des hommes et la main du temps; ils survivent à toutes les révolutions et à toutes les ruines.

« Avant sa venue, Jésus-Christ fut l'espérance et le besoin de l'humanité; depuis, il est sa lumière et sa force, son guide, son père, son monarque.

« L'enfance l'adore comme un Dieu et l'aime comme un frère; la jeune fille lui donne son cœur quand elle veut le garder pur; les mères appellent sa bénédiction sur la tête de leurs fils; plusieurs, en trop grand nombre sans doute, le méconnaissent et l'offensent, entraînés par leurs intérêts et leurs passions; mais le vieillard se sent ramené vers Lui par la maturité de ses pensées et la lumière tranquille

de ses derniers soleils. Les peuples comme les individus lui doivent leur vie et leur félicité; il a mis
son empreinte dans les mœurs et son souffle dans
les lois.

« Sa doctrine est la règle et le frein des esprits;
sa charité, la joie, l'ornement des cœurs.

« Sa croix, leçon de courage et signe de l'honneur,
effroi du crime triomphant et suprême appui de la
vertu malheureuse, sa croix frêle et nue demeure
encore la chose du monde la plus respectée et la
plus forte; debout sur la cime des sociétés, elle brille
au loin d'un éclat que nulle autre gloire n'égale,
et toutes parts elle reçoit des adorations que nulle
autre grandeur ne peut obtenir. »

Il faut avouer que ce langage est beau, grand,
énergique. Ce mandement, paraissant quelque temps
après le blasphème de Renan, la *Vie de Jésus*, pro-
duisit dans le monde religieux une impression profonde. Les chrétiens se trouvèrent heureux et fiers
de voir leur foi aussi éloquemment vengée. Un pieux
laïque, M. Dupont, que le suffrage populaire appelait
déjà le « saint homme de Tours », admirait ce mandement de Mgr Darboy; « il eût voulu, disait-il, qu'il
fût imprimé à plusieurs millions d'exemplaires et
répandu dans le monde entier. »

Un autre homme bien distingué, mais se plaçant
à un point de vue bien différent, M. Victor Cousin,
aurait vivement désiré voir l'archevêque de Paris
membre de l'Académie française.

« Il parle bien, il écrit bien, disait-il. Ce serait
une acclamation unanime. »

Mais Mgr Darboy, qui avait ses raisons pour cela, ne posa point sa candidature au fauteuil académique.

D'ailleurs, l'archevêque de Paris était modeste. Sa situation était grande : sénateur, grand-aumônier de France, membre du Conseil supérieur de l'instruction publique, etc. Il n'abusa jamais de ces avantages considérables et ne s'en servit que pour le bien, la vérité, la justice.

Ses rapports avec l'empereur étaient fréquents, pleins de courtoisie et de respect. Mais si l'archevêque était courtois, ce qui devait être, il ne fut jamais courtisan. Voici ce que disait à ce sujet un des grands officiers de la cour:

« L'archevêque de Paris est un bien digne prélat. Ceux qui le disent courtisan ne l'ont certainement pas vu à l'œuvre.

« Les droits de sa charge lui permettent de se rendre au palais quand il lui convient. Eh bien! il demande audience comme le plus humble sujet. Il est discret jusqu'à la timidité. On est obligé de l'arrêter quand il veut partir, de se mettre à sa poursuite quand il est parti. A peine se sent-il dégagé, qu'il s'éclipse. J'ai examiné cette conduite, et je l'ai admirée. Voici un fait : l'impératrice fait annoncer un jour qu'elle assistera à la messe du haut de la tribune; la place du grand-aumônier est à côté de la souveraine.

« — Non, répond Mgr Darboy, je me tiendrai tranquillement en bas. Ne cherchons pas à paraître quelqu'un. »

Mgr Darboy est là tout entier. Il ne voulut jamais paraître quelqu'un, et cependant, il faut bien l'avouer, il était *quelqu'un*.

Nous ne parlerons point de l'influence prépondérante et salutaire qu'exerça l'archevêque de Paris au Conseil impérial supérieur de l'instruction publique, à l'époque où un ministre éminent, mais ami des hardiesses et ardent dans les réformes, M. Duruy, tentait de bouleverser toute la réglementation universitaire. Ce fut Mgr Darboy qui fut désigné à l'unanimité comme président de la Commission de revision des programmes. Il remplit sa tâche avec la haute compétence que tous lui reconnaissaient, mais avec tant de tact, de mesure, que le ministre lui-même en fut reconnaissant à son illustre contradicteur.

Comme sénateur, Mgr Darboy ne rendit pas de moindres services à la cause catholique et à la sainte liberté de l'Église. Il y combattit éloquemment et raisonnablement comme toujours les traditions gallicanes et parlementaires, dont le ministre M. Roulland et le président Bonjean s'étaient faits les avocats et les interprètes autorisés.

Qui donc défendit alors avec plus d'intrépidité l'indépendance du pape et du pouvoir temporel? Que l'on veuille bien écouter ce passage de l'un de ses discours sur ce sujet :

« L'Italie a dit qu'elle voulait Rome pour capitale. Qu'en ferait-elle? Croit-elle que le pape en sortirait? Mais il n'en sortirait que pour le malheur de tous ceux qui viendraient s'y mettre à sa place ! Si ce vieillard, avec la triple majesté de son âge, de

ses malheurs, de ses vertus, quittait Rome; s'il voulait parcourir le monde en pèlerin, en fugitif, il
l'ébranlerait sous ses pas. Il soulèverait les nations
par la seule force de ses larmes; sa parole serait
une malédiction mortelle. Si le saint-père consentait
à rester à Rome, ce qui me paraît moralement impossible, Rome ne serait pas assez grande pour deux
souverains, et s'il ne doit y en avoir qu'un, le roi
d'Italie, quel qu'il soit, car je ne fais pas de personnalité, me paraît trop petit pour occuper un si grand
siège. »

Tels sont les accents nobles, fiers, que l'illustre
sénateur ecclésiastique faisait entendre du haut de
la tribune officielle. Ceux qui ont porté sur les opinions, sur le caractère et sur l'attitude de Mgr Darboy
des opinions si sévères, ne se souviennent certainement plus de ces éloquents plaidoyers en faveur
de l'Eglise et du saint-père. L'opinion des hommes,
il est vrai, ne s'inspire pas toujours de la justice; et
dans tous les camps il y a des hommes ingrats qui
oublient volontairement les services rendus pour
pouvoir calomnier et mentir à leur aise.

L'homme public, nous venons de le voir, a toujours été grand et fier, dans la personne de Mgr Darboy;
l'homme privé ne fut pas moins digne de respect.

Il y a des hommes qui diminuent, quand on les
voit dans l'intimité. L'archevêque de Paris ne fut
point de ceux-là. Sa vie intime était toujours la
même, réglée par l'ordre et remplie par le travail et
les exercices de piété.

Levé avant cinq heures du matin, Mgr Darboy se

livrait à une méditation et à des prières qui duraient environ trois quarts d'heure, célébrait la sainte messe à sept heures, dépouillait son courrier et se mettait au travail. Ses repas étaient rapides, trop peut-être, car il souffrait beaucoup de l'estomac; ses audiences étaient polies, bienveillantes, mais courtes; il savait si bien le prix du temps, et il y a des visiteurs qui le savent si peu! Ses visites terminées, il se remettait au travail jusques au dîner, et se couchait vers onze heures. Et cette vie si bien remplie recommençait tous les jours.

Nous ne parlerons point de ses relations; elles étaient nombreuses, et quelques-unes illustrés. Les habitués ecclésiastiques de l'archevêché étaient l'abbé Deguerry, qui fut son compagnon dans l'infortune et son frère dans le martyre; ses éminents collaborateurs dans l'administration diocésaine : M. l'abbé Meignan, qui fut nommé évêque de Châlons en 1865, et dont la science, l'esprit, l'aménité, lui plaisaient beaucoup; M. l'abbé Lagarde, qui le remplaça; M. l'abbé Jourdan, qui fut plus tard évêque de Tarbes; M. l'abbé Véron, qui désira reprendre du ministère pastoral et fut nommé curé de Saint-Vincent-de-Paul; M. l'abbé Bautain, l'éminent professeur de Sorbonne qui s'était retiré dans la studieuse retraite de Juilly, où Mgr Darboy allait quelquefois le rejoindre : tels étaient les esprits d'élite qui étaient le plus en communion avec le sien[1].

---

[1] Nous avons puisé ces renseignements précieux dans la belle *Vie de Mgr Darboy*, due à la plume si docte et si littéraire de Son Ém. le cardinal Foulon.

Tel fut Mgr Darboy dans la vie privée : simple, digne, austère et modeste. Il n'était pas de ces hommes superficiels, légers, comme il s'en trouve quelques-uns, à qui les honneurs tournent la tête, ce qui prouve qu'ils ne sont pas faits pour en porter le poids et la responsabilité. Mais nous avons hâte d'arriver au moment le plus solennel de cette grande existence d'évêque.

Il y a des hommes qui ne se révèlent tout entiers que par leur mort. Leur vie sans doute par elle-même serait digne de respect et d'estime, parce qu'elle fut une vie de devoir et de règle; mais il y manquerait le couronnement suprême, « ce je ne sais quoi d'achevé que le malheur ajoute à la vertu. »

Tel fut précisément l'archevêque de Paris : sa glorieuse mort lui mit au front une auréole autrement éclatante que la splendeur de la mitre pontificale. C'est maintenant la douloureuse passion du martyr de la Commune que nous allons raconter.

V

La guerre. — La Commune. — Les otages. — Mort
de Mgr Darboy (1870-1871).

L'archevêque de Paris dut quitter Rome où il
était, à cause du concile, dès le lendemain de la
définition solennelle de l'infaillibilité pontificale. En
effet, la guerre était déclarée avec l'Allemagne; les
destinées de la France, celles de l'Empire étaient
èn jeu. Mgr Darboy partit donc de la Ville éternelle
le 19 juillet; il arriva à Paris le 22.

Le 26, il alla à Saint-Cloud, en qualité de grand-
aumônier, célébrer la sainte messe, que l'empereur,
l'impératrice et le prince impérial entendirent avec
une grande piété : ils y communièrent tous les trois.
L'empereur et son fils partaient le lendemain pour
la frontière.

Napoléon III dit un adieu mélancolique à son cha-
pelain et se recommanda vivement à ses prières.
Mgr Darboy fut profondément impressionné par cette
dernière entrevue; de funestes pressentiments enva-
hirent son âme. L'avenir, hélas ! devait trop promp-
tement les confirmer.

Nous ne raconterons pas cette douloureuse épopée

qui commença par le combat de Saarbruck et finit
par la catastrophe de Sedan. C'est avec des larmes
qu'il faudrait écrire cette histoire. Le 3 septembre,
M. Rouher prit à part l'archevêque de Paris et lui
annonça que l'empereur était prisonnier. Le lendemain, 4 septembre, le Sénat se déclara en permanence. M. Rouher chargea Mgr Darboy d'un message
pour l'impératrice; mais l'archevêque ne put pénétrer aux Tuileries, à cause de la foule qui en assié-
geait les abords. Profondément inquiet, Mgr Darboy
voulut retourner au Luxembourg, où siégeait le
Sénat; mais les sentinelles n'étaient plus à leur
poste; le désordre régnait aux alentours du palais; un
homme de la police accourut auprès de la voiture :

« Monseigneur, lui dit-il, ne vous exposez pas,
le Sénat est dissous, » et, prenant immédiatement
place à côté du cocher, il détourna la voiture. Les
cris de : Vive la République ! retentissaient partout.
Les événements tragiques commençaient quelques
heures après; dix ou douze députés se constituaient
en gouvernement de la *Défense nationale.*

L'archevêque de Paris était un grand patriote;
il avait l'âme bien sincèrement française. Aussi
n'hésita-t-il pas un instant à se rallier, ainsi que le
clergé de Paris, au gouvernement improvisé, qui
avait pour programme le salut de la patrie en
danger. Aussi, dans sa circulaire du 8 septembre,
Mgr l'archevêque de Paris s'exprime-t-il nettement
à ce sujet :

« Une seule chose, dit-il, doit nous occuper tous
et nous réunir fraternellement dans une commune

prière et un commun effort : sauver la France en sauvant Paris. »

Et il ordonnait de chanter dans les églises de la capitale le *Domine salvam fac Rempublicam*. Il s'était inspiré, pour cette grave résolution, des événements, du bien de l'Église, de sa conscience, et aussi de l'attitude de son prédécesseur, Mgr Affre, en pareille circonstance.

Mais les désastres se précipitaient, la défaite de Sedan avait ouvert à l'armée allemande les routes de la capitale : elle y arriva au bout dé quelques jours. C'était le siège avec ses angoisses et ses horreurs. La première pensée de l'archevêque de Paris fut pour l'organisation des ambulances. Il est bon de rappeler ici, nous l'avons dit ailleurs, combien admirable fut le dévouement des prêtres, des religieux, des frères des Écoles chrétiennes. L'archevêque ne fut pas moins admirable qu'eux. Dieu seul a su le secret de ses générosités, de ses aumônes, car ce n'était pas un homme d'ostentation. Autrefois tout son traitement de sénateur passait en bonnes œuvres ; bien que ce traitement fût supprimé, il n'en diminua pas ses charges ; mais il défendait d'en parler. Son rôle, pendant ces mois terribles, fut donc celui du bon pasteur dans toute l'acception du mot, jusques à l'heure où il allait, lui aussi, donner sa vie pour ses brebis.

L'heure approchait. Il y eut une émeute sérieuse pendant le siège de Paris ; l'hôtel de ville fut envahi ; les insurgés commençaient d'organiser un gouvernement d'un genre nouveau. Leurs propos étaient sinistres. Quelqu'un accourut à l'Archevêché :

« Monseigneur, lui dit ce messager, l'émeute est triomphante; il faut s'attendre à tout de la part de ceux qui seront nos nouveaux maîtres. Si vous avez quelque précaution à prendre, l'heure est venue. Vous êtes à la merci du premier scélérat qui criera : A l'Archevêché ! »

Mgr Darboy regarde en souriant son interlocuteur.

« Que feriez-vous à ma place? lui demanda-t-il.

— Monseigneur, reprit le messager, je n'ose le dire, car je ne sais pas ce que l'on peut, ce que l'on doit faire dans une situation aussi élevée que la vôtre.

— Eh bien! dit l'archevêque, moi je ne bouge pas. Ils peuvent venir à leur aise, ils me trouveront au gîte. Donnons l'exemple du calme et du devoir en restant à notre poste. »

Ce langage, il faut l'avouer, est bien celui d'un cœur noble et d'une âme résolue. Le mois de janvier fut terrible; le bombardement commença et coïncida avec la célèbre neuvaine de sainte Geneviève. Mgr Darboy profita de cette pieuse cérémonie pour ranimer les courages et tourner les âmes et les espérances vers le ciel. Ce fut d'ailleurs la dernière fois qu'il parla en public.

Le 2 mars, Paris capitulait; l'armée allemande entrait victorieuse dans la capitale de la France. Inutile de dire quelle humiliation, quelle douleur ce fut pour l'âme si patriotique de l'héroïque archevêque. Ce n'était pourtant que le prélude de bien d'autres humiliations.

La Commune s'empara de Paris le 18 mars. Ses premières victimes furent les généraux Clément

Les frères des Écoles chrétiennes aux ambulances de Paris.

Thomas et Lecomte, assassinés lâchement comme l'avait été le général Bréa en 1848.

Ensuite on s'en prit à l'Église, que l'on accusa d'être « complice des crimes de la monarchie contre la liberté ». Le jargon révolutionnaire, on le voit, n'a pas changé depuis Marat, Robespierre et Danton. Les décrets de la Commune se succédaient chaque jour plus menaçants.

L'archevêque de Paris était plus particulièrement en danger. On lui fit parvenir des avis officieux; des personnes amies lui offrirent un asile. Plusieurs lui procurèrent le moyen de gagner Versailles; mais Mgr Darboy refusa constamment chacune de ces propositions.

Un chrétien sincère et dévoué, M. de Soye, directeur de la *Semaine religieuse* de Paris, lui fit parvenir ce dernier avertissement :

« Monseigneur, je prends la respectueuse liberté de vous prévenir que je viens d'entendre dire par des gardes nationaux, qui sont de piquet au Panthéon, que l'on va procéder à votre arrestation. Je viens vous supplier de quitter l'Archevêché. Vous savez combien je vous suis dévoué; vous pouvez disposer de moi; je prie Dieu qu'il veille sur vous ! »

L'archevêque demeura inébranlable dans sa résolution. Le 1er avril, on vint encore insister auprès de la sœur de Monseigneur.

« Dans vingt-quatre heures, lui dit-on, il ne sera plus temps. »

Le 3 avril, en effet, un peloton de la garde nationale vint occuper militairement les alentours de l'Archevêché. Le chef se fit remettre les clefs des portes qui donnaient sur la rue ou sur les cours intérieures, plaça des sentinelles à toutes les issues avec ordre de ne laisser sortir personne sans sauf-conduit. L'archevêque de Paris était prisonnier !

« Nous allons avoir de terribles moments à passer, » se contenta-t-il de dire en apprenant cette nouvelle. Cependant il continua ses occupations habituelles. Le conseil se tint le 4 avril, et, quand il fut terminé, Mgr Darboy dit à ses vicaires généraux :

« A la semaine prochaine, messieurs, si nous y sommes encore et s'il plaît à Dieu ! C'est maintenant plus que jamais le cas de le dire. »

En effet, quelques instants après une cinquantaine d'individus pénétraient dans l'Archevêché ; et deux d'entre eux, le capitaine Journaux et un autre, vinrent prier l'archevêque de les suivre à la Préfecture de police, sous prétexte de donner des explications sur un incident qui n'avait, bien entendu, jamais existé.

Mgr Darboy s'exécuta avec empressement et sérénité. Il voulait partir seul ; mais son vicaire général, M. Lagarde, s'obstina à l'accompagner.

Après l'arrestation, les perquisitions commencèrent. Les perquisitions n'étaient qu'un pillage déguisé ; on força tous les meubles où l'on espérait trouver de l'argent. Vases sacrés de la chapelle, argenterie de table, ornements d'église, médailles d'or et d'argent, linges précieux, dentelles, tout fut emporté. Pendant toute la nuit on vit sortir de l'Ar-

chevêché des voitures emportant ce butin ; quelques-
unes s'acheminaient vers le garde-meuble et la
Monnaie.

Mgr Darboy, pendant ce temps-là, était à la Préfecture de police, où le délégué de la sûreté publique,
Raoul Rigault, le reçut avec insolence et mépris.
Mgr Darboy voulut répondre avec douceur et d'un
air demi-souriant :

« A quoi pensez-vous, mes enfants?... » commen-
ça-t-il, lorsque tous, lui imposant silence avec
colère :

« Nous ne sommes pas des enfants ! crièrent-ils,
nous sommes les magistrats du peuple, et vous allez
le voir tout à l'heure. »

Alors commença une scène digne de l'ancien tribunal révolutionnaire. On dressa un procès-verbal
dans lequel Monseigneur était qualifié d'*ex-archevêque* de Paris.

« Vous ne voulez pas me faire signer cela, je
pense ? leur demanda le noble prélat.

— Et pourquoi pas ?

— Parce que d'abord il ne vous est pas plus possible de défaire un archevêque que d'en faire un ;
en second lieu, parce que je serai toujours archevêque de Paris jusqu'à la fin de ma vie, et que
quand même je serais à Pékin, je ne perdrais pas
pour cela mon titre. »

Et comme l'archevêque souriait en disant cela,
Rigault l'accusa de lui manquer de respect. Cependant il effaça le mot *ex-archevêque* pour le rem-
placer par celui-ci : « Le sieur Darboy se disant

archevêque de Paris. » Puis il ordonna de conduire le prélat et l'abbé Lagarde au dépôt. Un capitaine, qui était là, refusa ; mais un lieutenant moins scrupuleux s'y prêta avec plaisir.

Puis les arrestations continuèrent. La sœur de Mgr Darboy fut saisie ; puis, dans la soirée du 5 avril, on emprisonna le Père Olivaint, supérieur de la résidence de la rue de Sèvres, et le Père Caubert, procureur de la maison.

Dans la nuit du 6 au 7 avril, on s'empara de M. l'abbé Deguerry, curé de la Madeleine ; de Mgr Surat et de M. Bayle, vicaires généraux.

Le 8 avril, douze religieux de Picpus, puis quatre jésuites de la rue des Postes, et d'autres victimes innocentes, telles que l'abbé Paul Seigneret, dont nous allons tout à l'heure esquisser la pieuse et douce physionomie.

Le jeudi saint au soir, Mgr Darboy fut transporté de la Conciergerie à Mazas, et cela dans une voiture cellulaire, humiliation que la Commune ajoutait aux odieux procédés employés à l'égard des nobles captifs. C'est dans cette voiture que Monseigneur rencontra M. Bonjean, l'ancien président du Sénat : la justice et la religion se trouvaient frappées par les mêmes bandits.

Aussitôt arrivés à Mazas, l'archevêque et le président furent séparés : Monseigneur eut la cellule n° 21. On lui avait promis qu'il serait bien traité : hélas ! c'était une ironie. Les geôliers, comme ceux de l'ancienne Conciergerie sous la Terreur, avaient reçu le mot d'ordre de multiplier chaque jour les vexations à l'endroit du noble et pieux captif. Tantôt ils tenaient des propos obscènes, tantôt ils inventaient des scènes de massacres, dont les Versaillais, bien entendu, étaient seuls coupables; ou bien encore ils donnaient à Mgr Darboy le *Journal officiel* de la Commune, où tout était mensonge, calomnie, monstruosité. Évidemment il y avait là un plan d'exploitation contre les otages, surtout contre le plus illustre de tous. Trompé, — et qui ne l'eût été à sa place? — par ces fausses nouvelles, Mgr Darboy et M. l'abbé Deguerry, sans s'être concertés, bien entendu, puisqu'ils étaient séparés, crurent devoir en écrire au président de la République, M. Thiers, qui, ne sachant comment l'archevêque était traité, de quelle manière odieuse on exploitait sa bonne foi, lui répondit sur un ton vraiment bien dur, qu'il sut cependant adoucir à la fin de sa lettre. Il affirmait au vénérable prélat que les soldats de Versailles n'avaient commis aucun des crimes dont les accusait la Commune, et qu'il était étonné « qu'un prélat aussi éclairé ait admis un instant qu'il y eût quelque chose de vrai dans ces allégations calomniatrices ».

Quelques jours après, on apprit que la libération des principaux otages se traitait à la Commune sur la base d'un échange avec le vieux conspirateur Blanqui, détenu à la suite de l'émeute du 31 octobre. Malheureusement cette combinaison ne réussit pas. Les jours se succédaient monotones dans la prison. Mgr Darboy passait son temps à étudier et à prier. Un crucifix, que lui avait envoyé sa pieuse sœur,

était constamment sous ses yeux. Il portait sur lui
la croix pectorale de Mgr Affre, à son doigt l'anneau
de Mgr Sibour : vraies parures de martyrs sur un
autre martyr ! Sa santé, déjà délicate, s'altérait de
plus en plus. Le médecin en chef de la prison, le
docteur de Beauvais, prévint les geôliers que s'ils ne
donnaient pas à Mgr Darboy une autre cellule, il ne
tarderait pas à succomber. Comme la Commune
escomptait beaucoup la personnalité d'un tel prisonnier, ordre fut donné de le transférer dans une
autre cellule plus aérée. Ce fut un adoucissement
momentané. La nouvelle de la libération de sa sœur
lui causa une vraie joie, la seule qu'il eût eue durant
sa captivité. A quelque temps de là, il se passa un
fait vraiment émouvant. Un jeune homme entre-
prenant, hardi, le comte Anatole de Montferrier,
résolut de sauver la noble victime de Mazas. En sa
qualité de journaliste il put, avec une carte *verte*,
pénétrer dans la cellule de Mgr Darboy. Un dialogue
des plus tragiques et des plus pressants s'établit
rapidement entre l'archevêque et son audacieux
libérateur, au moins celui qui eût voulu l'être. Mais
l'archevêque le remercia avec effusion :

« Mon devoir, lui répondit-il, est de rester
ici.

— Mais, Monseigneur, reprit le jeune homme, les
affaires vont mal : M. Thiers fait bombarder Paris,
l'exaspération est au comble ; toute conciliation est
désormais impossible ! »

L'archevêque tendit la main au jeune et intrépide
gentilhomme :

« Le sang fortifie les principes, » lui dit-il, et M. de Montferrier repartit.

Quelques jours après, un des gardiens, profitant du moment où M⁹ʳ Darboy se promenait sous le préau, s'approcha de lui discrètement, et lui montrant son képi :

« Avec cela sur·votre tête, lui dit-il; et lui désignant sa vareuse : Et avec cela sur votre dos...?

— Mon évasion, répondit l'archevêque, serait le signal du massacre des otages qui sont ici et à Paris, peut-être. J'aime mieux être fusillé que d'avoir à me reprocher d'en avoir fait fusiller d'autres à ma place. »

Plusieurs fois encore on lui fit des propositions semblables.

« Je suis à mon poste de combat, répondait-il, permettez-moi d'y rester. »

Deux célèbres pasteurs protestants, et c'est leur honneur, prirent éloquemment fait et cause en faveur des otages ; leur langage ne fut pas écouté.

Un prêtre pieux et zélé, l'abbé F. Peron, premier aumônier de l'hospice de Bicêtre, prit l'initiative intelligente et généreuse de supplier les ambassadeurs d'Angleterre, d'Autriche et de Russie, d'intervenir auprès de la Commune en faveur de l'archevêque.

Plusieurs membres du chapitre cathédral de Paris : MM. Lagarde, Lavorie, Ernest Bourret, plus tard cardinal-évêque de Rodez ; Allain, chanoine honoraire, secrétaire, rédigèrent une adresse collective à lord Lyons, ambassadeur d'Angleterre, et à

M. Wasburne, ministre plénipotentiaire des États-Unis, et c'est le nonce apostolique, Mgr F. Chigi, qui fut chargé de la leur transmettre en l'appuyant de sa haute influence. Cette intervention suscita au moins quelques démarches *officieuses* auprès des chefs de la Commune; car il était impossible à un gouvernement quelconque d'entrer en composition avec l'anarchie. Deux illustres personnages ecclésiastiques : le cardinal Manning, archevêque de Westminster, et Mgr Ledochowski, archevêque de Posen, intercédèrent pareillement auprès du prince de Bismarck et du général Fabrice. Ce fut inutile.

M. Wasburne, ministre des États-Unis, qui était demeuré à Paris, parvint plus librement jusques aux chefs de l'insurrection; il put même obtenir d'être introduit auprès de Mgr Darboy. C'était le premier homme que l'infortuné pontife eût vu depuis sa longue captivité, hormis ses gardiens et ses juges.

Ni Wasburne ni le général allemand Fabrice ne purent rien obtenir des communards, qui ne voulaient à aucun prix lâcher leur proie.

Une autre personnalité éminente put, quelques jours plus tard, s'entretenir aussi avec Mgr l'archevêque dans sa prison : nous voulons parler de Me Rousse. C'est à lui que nous devons le récit le plus complet, le plus intéressant, le plus véridique, sur la détention de l'illustre prisonnier. Nous citerons quelques passages de son émouvant rapport :

« Je demandais à voir Mgr Darboy dans sa cellule : ce qui me fut accordé de bonne grâce.

« — Il est bien malade, » me dit-on.

« En effet, en entrant dans la cellule du pauvre
archevêque, je fus frappé de son air de souffrance
et de son abattement.

« Il était couché tout habillé, la barbe longue,
coiffé d'un bonnet noir, vêtu d'une soutanelle usée,
les traits altérés, le teint pâle.

« — Vous êtes souffrant, Monseigneur, lui dis-je,
et je vous dérange?

« — Oh! non. Que je vous remercie d'être venu!
Je suis malade, très malade. J'ai depuis longtemps
une affection du cœur, que le manque d'air et le
régime de la prison ont aggravée. Je suis hors d'état
d'aller au tribunal. Si l'on veut me fusiller, qu'on
me fusille ici. Je ne suis pas un héros, mais autant
mourir ainsi qu'autrement.

« — Monseigneur, lui répondis-je, nous n'en sommes
pas là, » et je le rassurai par la conversation que
j'avais eue avec Raoul Rigault. Notre conversation
dura une demi-heure environ; puis je lui tendis la
main et pressai la sienne avec émotion. Il me reconduisit à la porte, me remercia de ma *charité*, et
me fit promettre de le venir voir bientôt.

Hélas! c'était le 19 mai. Le dimanche 21, les
troupes de Versailles entraient dans Paris, et le lendemain M\gr Darboy était transféré à la Roquette.

Des scènes dignes de la Convention se perpétraient
dans les églises de Paris; Notre-Dame-de-Lorette
avait été pillée, Notre-Dame-des-Victoires honteu-
sement profanée. Un journal ignoble, *la Montagne*,
excitait au crime toute la population anarchiste. Son

rédacteur, le citoyen Le Moussu, avait retrouvé le style et la manière de Marat.

Hélas ! ces provocations ne tardèrent pas à porter leurs fruits. Le lundi 22 mai, les otages entendirent le bruit du canon et de la fusillade qui se rapprochait ; quelque chose de sinistre se passait et se respirait dans l'air : c'était le dénouement du lugubre drame qui s'avançait. Mgr Darboy et ses compagnons de captivité furent transférés à la Roquette. On vit paraître successivement M. l'abbé Petit, M. Bonjean, M. Deguerry, Mgr Surat, M. Bayle. Après six semaines de séparation, les prisonniers se retrouvaient et reformaient, mais pour bien peu de temps, une seule famille. Deux missionnaires en Chine vinrent aussi les rejoindre. L'abbé Deguerry, conservant sa belle humeur, dit à Mgr l'archevêque :

« Voyez donc, Monseigneur, ces deux Orientaux qui viennent se faire martyriser à Paris. N'est-ce pas un signe des temps ? »

Mgr Darboy sourit mélancoliquement.

La foule, et quelle foule ! entourait la voiture cellulaire et vociférait des cris de mort. Les gardes nationaux avaient de la peine à contenir le peuple, ou plutôt la bête populaire devenue féroce. Pauvre peuple ! Quand on le trompe, quand on l'égare, voilà ce qu'il devient ! Il se rue sur ses bienfaiteurs et tue ses meilleurs amis. Personne n'avait tant aimé les ouvriers, les hommes du peuple que l'archevêque Darboy et M. Deguerry, et voilà ce qu'ils en ont fait ! Ceci nous rappelle la parole, trop juste, hélas ! que Ledru-Rollin disait un jour à M. de Melun :

« Vous et moi, monsieur, lui dit-il, nous aimons le peuple, nous voulons son bien; mais sachez que si le peuple triomphe, c'est vous et moi qui serons les premiers pendus ! »

On arriva à la Roquette vers huit heures du soir. M. François, être odieux et ridicule, directeur de la prison, fit l'appel des otages avec une solennité de vrai sans-culotte, et remit au surveillant de Mazas ce billet stupide et cynique : « Reçu quarante curés et magistrats. » Et on plaça les infortunés dans des cellules provisoires, qui devaient les avertir suffisamment du sort qui leur était réservé.

Le lendemain on laissa les otages se promener en commun dans la cour de la prison. Mgr l'archevêque de Paris y reconnut ses prêtres, et reçut de tous les témoignages de respect auxquels il avait doublement droit. Un ecclésiastique lui demanda :

« Monseigneur, vous qui avez écrit la vie d'un martyr, de saint Thomas de Cantorbéry, pensez-vous que théologiquement parlant, si l'on nous condamnait à mort, cette mort serait un martyre?

— Oui, certainement, répondit Mgr Darboy; car on ne nous tuerait pas parce que je suis Mgr Darboy, et vous monsieur un tel, mais parce que je suis l'archevêque de Paris et vous un prêtre.

« Y a-t-il beaucoup de barricades dans Paris? demanda ensuite Monseigneur.

— Oui, beaucoup, lui répondit-on.

— Ah! que ne puis-je y aller mourir comme Mgr Affre! » soupira l'héroïque prélat.

L'attitude des victimes était vraiment admirable.

L'archevêque était noble, mélancolique et résigné ;
M. l'abbé Deguerry, dont nous parlerons plus longuement tout à l'heure, était plein, comme toujours,
de causticité et de belle humeur ; le président Bonjean gardait toute la dignité de son caractère de
magistrat.

Grâce à des dévouements admirables et à des pré-
cautions infinies, les futurs martyrs purent faire la
sainte communion avec des hosties consacrées qu'une
pieuse chrétienne, Mlle Delmas, leur apporta après
je ne sais combien de péripéties. Monseigneur se
confessa au R. P. Olivaint et se communia en via-
tique.

Dès 1870, aussitôt après la chute de l'empire, la
veille même de l'investissement de Paris, Sa Grandeur avait fait son testament. Ce testament, bref,
précis, comme tout ce qui sortait de sa plume, est
un acte de foi profonde et de chrétienne résignation
à la volonté de Dieu.

Le mercredi 24 mai, on eut une lueur d'espérance. Le bruit de la fusillade s'était tellement rap-
proché, que l'on crut à l'arrivée des Versaillais :
c'eût été la délivrance. Hélas ! il n'en était rien.

Les chefs de la Commune, chassés de l'hôtel de
ville le 24 mai, avaient transporté le siège de leur
odieux gouvernement, si l'on peut appeler ainsi la
réunion de quelques scélérats, à la mairie du
XIe arrondissement. L'exaspération des communards
était au comble ; ils sentaient que dans quelques
heures peut-être c'en était fait d'eux, et que les
représailles allaient commencer. Pour satisfaire la

haine aiguisée de cette vile populace qui ne sort,
comme l'écume, qu'aux jours de troubles et de tem-
pêtes, ils improvisèrent une cour martiale dans l'in-
térieur de la mairie. Le menuisier Gentou s'en cons-
titua le président; deux inconnus simulèrent les fonctions de juges; deux comités et quelques membres
de la Commune composaient l'assistance. La sentence
de mort des otages fut signée par ce conciliabule de
bandits. L'exécution suivit de près, et dans les con-
ditions sinistres que nous allons raconter.

Dans la matinée, un garde national apporta
à la Roquette l'ordre de massacrer immédiatement
soixante-huit otages, les prêtres surtout, parce qu'il
fallait, disait-on, « venger la mort de quelques officiers de la Commune pris et tués sur la barricade
de la rue Caumartin. »

Le greffier de la prison, homme calme et sensé,
répondit :

« On a mis à mort quelques prisonniers de la
Commune; qu'on les venge, rien de mieux. Mais il
doit y avoir ici une erreur. Ce n'est pas *soixante-
huit* qu'il faut lire; on ne tue pas soixante-huit personnes pour venger la mort de deux ou trois.
Retourne à la Commune pour faire rectifier l'ordre. »

Le garde national retourna et revint quelque temps
après avec le mandat corrigé. Cette fois, on ne de-
mandait que l'exécution de *six* otages choisis parmi
les prêtres, et sur la liste figurait le nom de
M. Bonjean.

« Voici encore une erreur, dit le greffier. Il faut

pourtant que les choses se passent en règle; il y a le nom de ce *civil* à effacer. »

Mais le garde se refusa à une seconde mission, et le nombre des victimes fut fixé et arrêté à six. Trois seulement étaient nommément désignées : Mgr Darboy, M. Bonjean, M. Deguerry. Les trois dernières semblaient être laissées au choix du greffier ou au hasard. Est-il possible d'être plus cynique devant le crime?

Enfin il était sept heures et demie. Le chef du peloton d'exécution, Vérig, un ivrogne, entra avec un détachement de fédérés dans le corridor de la quatrième division, faisant du tapage, prononçant des jurons.

« Oui, il faut que cela finisse! » criait-il.

Et un autre, — on croit que c'était Ferré,— criait plus fort encore que son chef :

« Cette fois-ci, nous allons les coucher! »

Un brigadier, Ramain, commença l'appel.

« Attention, citoyens! cria l'un des fédérés, répondez à l'appel de vos noms! »

Les six martyrs étaient marqués d'une croix à l'encre rouge sur une feuille de papier qui contenait environ vingt noms.

On appela :

« Citoyen Darboy!

— Présent! » répondit l'archevêque d'une voix ferme.

On ouvrit sa cellule, et le prélat se trouva en face de ses assassins.

Cinq appels successifs furent ainsi prononcés :

l'abbé Deguerry, Mgr Surat, M. Bonjean, les RR. PP
Clerc et Ducoudray.

Ramain, se tournant vers François, lui dit :

« Le compte y est! »

Puis il conduisit lui-même les prisonniers, par l'escalier de secours, dans un petit espace libre qui se
trouve sous les fenêtres de l'infirmerie. Au bas de
l'escalier, on trouva la grille fermée. L'ivrogne Vérig
fit sauter brutalement la serrure. L'abbé Allard,
aumônier des ambulances de la Société internatio-
nale de Genève, marchait en tête de cette procession
lugubre en chantant à demi-voix les prières des ago-
nisants. Mgr Darboy et M. Bonjean suivaient l'abbé
Allard.

Pendant ce temps, les fédérés accablaient d'injures les infortunées victimes. Ce bataillon cynique
se composait d'une vingtaine de jeunes gens de
quinze à dix-huit ans, la lie des faubourgs, élevés
dans le vice et dans le crime.

« A mort! assassins, canailles, espions de Versailles! » hurlaient-ils, en entremêlant ces cris féroces
de blasphèmes.

Cependant, il faut le dire pour l'honneur de l'humanité, il y eut quelques protestations dans cette
foule immonde contre les traitements dont les otages
étaient l'objet. Un homme en blouse bleue éleva la voix :

« Les hommes qui vont à la mort ne doivent pas
être insultés, dit-il; il n'y a que les lâches qui in-
sultent le malheur! »

Et le capitaine lui-même imposa silence à ces
vauriens.

Mort de Mgr Darboy.

3*

« Taisez-vous! leur dit-il; demain ce sera peut-être votre tour! »

Qui sait? à ce moment, s'il se fût trouvé quelques hommes de cœur pour appuyer ces deux protestations, les victimes eussent peut-être été sauvées. Mais il n'y avait personne.

« De quel parti es-tu? demanda un fédéré à l'archevêque.

— Du parti de la liberté! répondit-il.

— Tu n'as rien fait pour la Commune?

— J'ai consenti à écrire pour vous une lettre à Versailles. »

Et Monseigneur ajouta encore quelques paroles, disant qu'il pardonnait à ses meurtriers et était résigné à mourir.

Un peu plus loin, ayant entendu un de ses assassins qui hurlait le mot de liberté, l'archevêque lui répondit avec dignité :

« Ne profanez pas ce mot de liberté! c'est à nous qu'il appartient, car c'est nous qui mourons pour la liberté et pour la foi.

— Assez de sermons comme cela! lui cria quelqu'un; ce n'est pas le moment de prêcher. »

Et comme on trouvait que le vénérable prélat n'allait pas assez vite, un homme du peloton d'exécution lui donna un violent coup de crosse de fusil dans les reins et faillit le renverser. M. Bonjean prit alors l'archevêque par le bras.

« Prenez mon bras, Monseigneur, lui dit-il; nous nous soutiendrons, ou bien nous tomberons ensemble. »

Arrivé au lieu du supplice, Mgr Darboy se tourna vers ses compagnons de martyre, et prononça sur eux les formules de l'absolution.

« Assez de prières comme cela ! » cria-t-on.

Mais le gardien Jeannard eut au moins le courage de protester par son attitude contre tant de cruauté. Il tendit la main aux otages, qui la lui pressèrent affectueusement. Le pauvre homme était tellement ému, qu'il faillit s'évanouir.

Quand on fut rendu au pied du mur qui borde la rue Folie-Regnault et la rue Vacquerie, le cortège s'arrêta. Les six otages s'agenouillèrent, firent une courte prière; cela dura cinq ou six minutes. Les assassins se rangèrent; on entendit un seul feu de peloton prolongé, irrégulier, avec deux courts intervalles. Huit heures sonnaient à l'horloge de la prison; tout était consommé.

Les martyrs avaient consommé leur sacrifice, et le xixe siècle voyait s'accomplir l'un des crimes les plus odieux que l'humanité ait jamais vu.

L'archevêque de Paris, même après la seconde décharge, fut encore aperçu debout, la main gauche appuyée sur le mur et la main droite, dans un geste sublime, donnant une suprême bénédiction à ses bourreaux. Image touchante de la religion bénissant ses persécuteurs et pardonnant à ses ennemis dans le cours des siècles. Ce geste magnanime méritait d'être immortalisé; l'art chrétien s'en chargea, et c'est dans cette attitude que l'on a représenté Mgr Darboy, sur le monument funèbre qui lui a été élevé dans la cathédrale de Paris.

« Ah ! tu donnes ta bénédiction ? s'écria alors un scélérat ou un fou nommé Lohoc, tiens ! voilà la mienne ! »

Et, disant cela, il déchargea son fusil sur la noble victime, qui s'affaissa. Les bourreaux l'achevèrent, le frappèrent sur la tête, sur les reins, à coups de baïonnette et de crosse de fusil. Et l'on ose encore parler du « bon cœur du peuple » !

Après leur abominable forfait, les bandits se vantèrent, en pleine place de la Roquette, d'avoir gagné *cinquante francs*. Puis, vers deux heures du matin, huit ou dix scélérats se rendirent au lieu du crime pour enlever les cadavres. La première chose qu'ils firent, bien entendu, ce fut de les dépouiller de ce qu'ils pouvaient avoir de vêtements ou d'objets de quelque valeur. Mgr Darboy portait au doigt l'anneau pastoral de Mgr Sibour, un saphir de grande valeur, plus précieux encore par le souvenir douloureux qui s'y rattachait ; il fut immédiatement enlevé ; on ne le retrouva jamais. Il en fut de même des boucles de vermeil de ses chaussures. On rapporte même que l'un de ces voleurs sacrilèges, s'étant blessé le doigt à l'ardillon de ces boucles, poussa le cadavre d'un violent coup de pied, en disant :

« Canaille ! il faut donc que tu me fasses encore du mal, même après ta mort ! »

Jamais la bête humaine fut-elle plus dégoûtante et plus odieusement cynique ?

Cette besogne horrible terminée, on jeta les corps des martyrs dans une voiture à bras, prise chez un nommé Marty, entrepreneur du voisinage, et l'on se dirigea vers le cimetière du Père-Lachaise.

« Il faut mettre tout cela dans le même trou! »
disaient les ignobles bandits qui formaient le cortège.

On fit ainsi deux voyages de ce genre, et au retour
« les porteurs » reçurent un salaire de *soixante
centimes*. Cet argent, aussi sinistre que celui de
Judas, fut le prix, la récompense de leur forfait. Ils
parurent contents.

L'acte de décès des six premières victimes de la
Commune fut conçu en ces termes :

« Aujourd'hui, 24 mai 1871, à huit heures du
soir, les nommés Darboy (Georges), Bonjean (Louis-
Bernard), Ducoudray (Léon), Allard (Michel), Clerc
(Alexis) et Deguerry (Gaspard), ont été exécutés à la
prison de la Grande-Roquette.

« Commune de Paris. »

Nous avons voulu terminer en citant ce document laconique, qui fut pour nos chers martyrs le
passeport pour le ciel.

Ceux qui liront ces dernières pages auront de la
peine à croire que de tels forfaits se soient accomplis
il y a trente années à peine, et que ce soient des Français qui les aient consommés; des Français de cette
France qui se dit la nation civilisée et humanitaire
par excellence, la grande initiatrice du progrès et
de la liberté dans le monde! Il y a donc des heures,
dans l'histoire des meilleurs et des plus grands

peuples, où l'homme disparaît pour faire place à la brute, à la bête fauve? C'est la plus grande humiliation, le plus terrible châtiment que Dieu puisse imposer à une société, à un siècle, qui veulent se passer de Lui!

L'ABBÉ DEGUERRY

I

L'abbé G. Deguerry, curé de la Madeleine (1797-1871)[1].

L'abbé Deguerry (Gaspard), qui fut le vrai modèle du bon pasteur, et que l'on a appelé, dans un document officiel, « le meilleur des hommes, » était originaire de Lyon. Il y était né en 1797. Son père mourut de bonne heure; sa mère, veuve à vingt-cinq ans, se consacra entièrement à l'éducation de ses trois fils. Le jeune Gaspard, que Dieu avait déjà marqué du signe de la prédestination sacerdotale, entra, à l'âge de huit ans, dans la maîtrise de sa paroisse. Tout le monde admirait le doux visage, la piété candide et surtout la voix harmonieuse de ce gracieux enfant de chœur, qui un peu plus tard, au collège de Villefranche, se fit remarquer par son intelligence et ses rapides succès. En 1814, au mo-

[1] Voir le bel ouvrage de M. Imbert de Saint-Amand : *Deux victimes de la Commune;* Dentu, 1888.

ment de la grande invasion étrangère, les Autrichiens cernèrent Villefranche; Augereau commandait l'armée française enfermée dans la place. Le jeune Gaspard, qui avait dix-sept ans, se présenta avec une douzaine de ses camarades au maréchal pour s'enrôler sous son drapeau. Augereau remercia le jeune bataillon de rhétoriciens volontaires, mais leur fit remarquer que l'on n'improvisait pas des soldats; ce qui blessa au vif ces jeunes âmes de patriotes.

Cette démarche spontanée, ce trait hardi, dépeignent Gaspard Deguerry tout entier, avec cette âme franche, loyale, généreuse, ce caractère primesautier qu'il garda toute sa vie.

Après avoir hésité quelque temps entre la croix et l'épée, le jeune Lyonnais opta définitivement pour la première : il entra au grand séminaire de Saint-Irénée, y fit de fortes études théologiques, et, à l'âge de vingt-trois ans, fut ordonné prêtre (19 mars 1820). En 1824, il fut appelé à prêcher le carême dans la primatiale de Lyon; il s'y révéla orateur puissant et populaire. Sa réputation arriva jusqu'à Paris, où, l'année suivante, il prêcha dans beaucoup d'églises.

En 1827, nous le voyons aumônier de la garde royale. Ce rôle d'aumônier militaire convenait merveilleusement à son tempérament, à son caractère, à sa physionomie. Ayant du soldat l'allure franche et martiale, du prêtre la foi, la conviction, le zèle, il fit un bien immense parmi les hommes du 6e régiment. Un officier de ce régiment lui rendit plus tard ce témoignage :

« Je suis sûr, disait-il, qu'aucun des militaires qui

ont eu l'abbé Deguerry comme aumônier, ne mourra sans demander le prêtre, parce que aucun ne pourra oublier sa belle instruction et surtout sa belle conduite parmi nous. »

Ce témoignage est bien honorable. Ce qui ne l'est pas moins, ce sont les succès oratoires que le brillant aumônier remportait dans les chaires illustres de Rouen, d'Orléans, où, le 8 mai 1828, il prononçait le célèbre panégyrique de Jeanne d'Arc, et de Paris, où il fut invité à prêcher le discours du jeudi saint aux Tuileries, devant Charles X.

L'abbé Deguerry était orateur de la tête aux pieds, si l'on peut s'exprimer ainsi. Sa physionomie ouverte, belle, sympathique, sa haute et droite stature, ses gestes amples et variés, sa voix sonore, flexible, qui savait prendre tous les accents, rendre toutes les notes de l'âme et de la pensée; tout cela faisait de lui une personnalité majestueuse, forte et douce tout ensemble, mélange harmonieux de domination, de charme, de fascination, auquel il était impossible de résister.

Et puis quel zèle, quelle ardeur apostolique, quelle prodigalité de lui-même! On rapporte que, pendant le carême de 1835, il prêcha soixante-dix fois! Aussi l'archevêque de Paris, Mgr Affre, le nomma-t-il chanoine de la métropole.

A partir de ce moment sa marche fut rapide : il devint successivement archiprêtre de Notre-Dame, en 1841; en 1842, curé de Saint-Eustache, jusqu'en 1848, où Mgr Sibour lui donna la cure de la Madeleine.

II

L'abbé Deguerry pendant l'année 1848. — Il est nommé
curé de la Madeleine.

C'est durant la tempête que se révèle le nautonier; c'est pendant les révolutions que se révèlent les hommes; c'est quand le troupeau est menacé que se montre le pasteur.

Quand la révolution de 1848 éclata, l'abbé Deguerry était curé de Saint-Eustache, paroisse populeuse et populaire tout à la fois, pleine d'ouvriers, de *prolétaires,* comme on disait alors.

Là, le pasteur fut admirable. L'abbé Deguerry, pendant les journées de juin, comme une sentinelle vigilante, demeura à son poste d'observation et de combat, c'est-à-dire dans son église. L'insurrection commença par en enfoncer les portes; une pierre lancée dans un vitrail le brisa et vint tomber aux pieds du curé. Celui-ci ouvre aussitôt à deux battants les portes du temple, et faisant un de ces larges signes de croix, tels qu'il avait coutume de les faire en commençant ses sermons, il se présenta à ce peuple mugissant comme les flots irrités :

« Que voulez-vous, mes enfants? » leur dit-il.

A la vue de cet homme fort et doux, rayonnant de toute la majesté de la religion comme de la simplicité de l'Évangile, le peuple s'apaisa comme la vague qui tombe et recule après avoir touché la falaise.

« C'est bien, c'est bien, monsieur le curé! crie-t-on de toutes parts; c'est nous qui défendrons votre église! »

Et peu s'en fallut que la foule ne le portât en triomphe.

Hélas! la Commune de 1871 sera moins sensible à tant de puissance et à tant de bonté. Les révolutions n'ont pas toutes le même caractère; les hommes de 1848 avaient l'âme généreuse; ceux de 1871, pervertis par la presse, exaltés par l'orgueil sauvage d'une fausse civilisation, furent sans entrailles. La révolution de 1848 eut ses heures de nobles enthousiasmes; par exemple, quand elle porta le crucifix de Notre-Dame en triomphe; celle de 1871 fut une révolution sans cœur.

L'abbé Deguerry était l'homme de cette époque; aucune de ces aspirations généreuses qui ne trouvât un écho dans son cœur évangélique et libéral. Sa politique était celle du *Notre Père*, de ce *Pater* qu'il commenta naguère d'une manière si éloquente devant l'empereur et sa cour, à la chapelle des Tuileries. Établir le *règne de Dieu* dans la société moderne fut son ambition unique. Sous ce rapport, c'était un homme des temps nouveaux; il avait en quelque sorte pressenti les enseignements magnifiques de Léon XIII.

Écoutons-le dans la chaire d'Orléans, le 8 mai 1828, faisant le panégyrique de Jeanne d'Arc :

« La religion, disait alors le jeune orateur, est proportionnée à tous, n'en repousse aucun, s'adapte aux monarchies, aux républiques, aux États représentatifs. Si on lui demande son avis sur l'un ou l'autre de ces États, elle indiquerait de préférence celui où la faiblesse dont elle est la protectrice-née aurait le *plus de garantie contre la force.* »

Voilà bien, ce nous semble, le langage d'un esprit libéral, d'une âme généreuse, amie du peuple et soucieuse de ses destinées. Mais, comme nous le disions plus haut, le peuple ne manque jamais de sacrifier ses meilleurs amis. C'est cette noble poitrine sacerdotale, où battait un cœur si dévoué aux petits, aux souffrants, aux humbles, qui sera percée, criblée, par les balles fratricides des hommes du peuple! Et presque toujours il en est, il en sera ainsi. Comme le divin Maître a eu raison de nous commander d'aimer nos semblables *pour l'amour de Lui!*

Vers la fin de l'an 1848, Mgr Sibour, de douloureuse mémoire, nomma l'abbé Deguerry à la cure de la Madeleine. Dans sa belle et riche paroisse, la plus riche, la plus belle de la capitale, le curé Deguerry exploita surtout la générosité de l'opulence au profit des pauvres; il fut le prédicateur par excellence de la charité. On a conservé le souvenir des hardiesses, des témérités de sa parole apostolique.

Personne ne fustigea avec plus de vigueur les existences inutiles, les égoïsmes heureux, les insensibilités cruelles des hommes de plaisir, qui, « pourvu qu'ils rient, jouent, s'amusent, soient bien vêtus, bien nourris, bien logés, bien voiturés, ne veulent pas savoir s'il y a autour d'eux des existences qui manquent de tout, qui pleurent, se lamentent, que la nudité couvre, que la maladie consume, que le travail épuise, qui s'étiolent dans un réduit humide, qui meurent lentement sous la dent de la faim! »

Tel était le style évangélique de ce pasteur, dont les prônes, les homélies rappellent l'éloquence ironique, mordante et populaire, de saint Grégoire de Nazianze contre les riches, et de saint Jean Chrysostome en faveur des pauvres.

En 1861, l'abbé Deguerry fut nommé, par un décret de l'empereur, à l'évêché de Marseille. L'impératrice, dont il était le curé et le confesseur, voulait aussi le récompenser de son dévouement, de ses précieux services, de ses talents comme de ses vertus. Le curé de la Madeleine avait accepté cet honneur, mais il ne savait pas encore combien il était aimé de ses chers paroissiens. Il y eut alors une telle explosion de sympathies, de regrets, de larmes ; les larmes des pauvres surtout le touchèrent tellement, qu'il alla trouver l'archevêque de Paris et le pria de supplier l'empereur de vouloir bien effacer son nom, qui était déjà inscrit au *Moniteur ;* et l'évêque nommé de Marseille resta curé de la Madeleine, où plus que jamais il se consacra à son peuple. Il se jeta alors à corps perdu, pour ainsi parler, dans les œuvres de charité; car M. Deguerry fut le modèle de ce que l'on appelle aujourd'hui les hommes d'œuvres; mot un peu vague dont on abuse quelquefois, mais dont on comprend la vraie signification.

Le curé de la Madeleine fut le protecteur le plus dévoué des *Conférences de Saint-Vincent-de-Paul*. Il leur prêcha une de leurs plus remarquables retraites en 1859, et leur dit des choses admirables, comme celles-ci, par exemple :

« Les plus belles heures de la vie humaine sont celles où des âmes généreuses, se communiquant les unes aux autres le désir de rendre service aux souffrances, aux afflictions, aux détresses, forment entre elles de salutaires complots de bienfaisance et de dévouement. »

Et il avait raison : ce furent les heures les plus belles de sa vie, à lui, ces heures consacrées au bien sous toutes ses formes : *Œuvres du catéchisme* et de l'*Apprentissage* pour les jeunes gens; *asile de Sainte-Anne*, pour les femmes âgées victimes des revers de la vie; asile pour les vieillards, qu'il allait commencer au moment où les communards vinrent le remercier de son grand amour évangélique et humanitaire pour ce peuple de Paris dont ils se disaient les représentants, les mandataires les plus autorisés.

Et ce même pasteur des petits et des humbles était l'ange consolateur des grands génies que la gloire et le malheur, ces deux grandes lumières révélatrices, avaient désabusés du monde et de ses vanités. C'est l'abbé Deguerry qui reçut le dernier soupir de

Chateaubriand. Un prêtre et une sœur de Charité étaient agenouillés autour de son agonie : c'est bien dans ce religieux appareil qu'il convenait à l'auteur du *Génie du christianisme* de remettre son âme à Dieu. Le curé de la Madeleine reçut aussi le dernier soupir de Lamartine, de Lamartine devenu pauvre, abandonné, renié, trahi par ceux qui l'avaient naguère idolâtré. L'âme affectueuse et profonde de M. l'abbé Deguerry était faite pour comprendre ces grandes âmes blessées du mal de l'homme et de la vie ; il les traita avec des délicatesses infinies, car il était de ceux qui n'éteignent pas la mèche qui fume encore et n'achèvent jamais le roseau à demi brisé.

III

L'abbé Deguerry pendant le siège de Paris. — La Commune.
— Son arrestation, sa captivité, sa mort.

L'abbé Deguerry vieillissait; mais son cœur ne vieillissait point, sa belle intelligence non plus. Une vie si pleine, si féconde, si belle, aurait dû, humainement parlant, s'achever dans un coucher de soleil lumineux et tranquille. Hélas ! la Providence la conduisit par des chemins que, certes, elle ne soupçonnait pas. La guerre se terminait par l'investissement de Paris. Le jeune rhétoricien de 1814 avait vu la première invasion étrangère ; le vieillard en cheveux blancs allait en voir une autre, suivie, hélas ! de quelles saturnales, de quelles orgies sanglantes !

Le siège commençait. Le 21 septembre, le curé de la Madeleine écrivait :

« La guerre avec ses horreurs nous enveloppe. Quel crime devant la foi et devant la raison, que l'acte atroce d'hommes qui s'industrient pour s'entretuer à qui mieux mieux ! Faudra-t-il donc toujours du sang humain et du sang à grands flots ici-bas ? Hélas ! en ces situations extrêmes, nous vivons dans la confiance en Dieu... Que de calamités ! Le pro-

Portrait de M. l'abbé Deguerry.

phète Jérémie pourrait seul faire entendre des lamentations égales à nos malheurs ! »

Ce qui attristait cette belle âme, faite de bonté et de tendresse, pleine des indulgences et des fraternités de l'Évangile, c'était, en effet, cette permanence du vieux ferment de la haine dans la race humaine. Ce frère d'Abel ne comprenait pas les haines fratricides de Caïn ! Le génie de l'amour chrétien garde, entretient ainsi jusqu'au bout des illusions généreuses dans les nobles âmes. L'abbé Deguerry était une de ces âmes-là. L'ancien aumônier de l'armée était trop vieux pour combattre ; imitant Moïse, il priait, les bras étendus en croix, sur la cité, sur son peuple. Mais les événements, ou plutôt les catastrophes, se précipitaient. La capitale fut souillée par la présence de l'ennemi ; à cet opprobre allait s'ajouter l'horreur de la guerre civile. Ce que l'ennemi avait commencé, les Français, et quels Français ! allaient l'achever. La Commune succéda immédiatement à l'invasion allemande. Des hommes capables de tout ce qui est mal, incapables de tout ce qui est bien, de ces hommes que la Providence laisse vivre à certaines heures pour le châtiment des peuples, allaient, sous le regard des Prussiens campés autour de Paris, incendier les palais et les églises, abattre les colonnes de nos victoires, et, pendant deux mois entiers, donner au monde civilisé le spectacle de ce que l'on a si justement appelé « une orgie d'eau-de-vie, de pétrole et de sang[1] ». L'héroïque et doux pasteur de

<hr>

[1] *Deux victimes de la Commune*, par M. Imbert de Saint-Amand, p. 72.

la Madeleine eut immédiatement conscience du danger. Le 20 mars, il fit l'éloge des généraux Thomas et Lecomte, qui venaient d'être fusillés par les communards, et il ajoutait :

« Si ces hommes-là me tuent, dit-il, je leur demanderai une seule grâce : celle de mourir la face tournée vers ma paroisse. »

A plusieurs reprises on lui proposa de fuir ; lui aussi, comme son archevêque, refusa et voulut demeurer à son poste. Il parla, le dimanche des Rameaux, avec une éloquence qui fut comme le chant du cygne ; sa voix avait des vibrations inaccoutumées, sa parole des indignations sublimes, pour flétrir les profanations sacrilèges de Sainte-Geneviève qui venaient d'avoir lieu. Le lundi 3 avril, il fit son testament. Le 4, qui était le mardi saint, il prêcha encore, mais l'église était presque vide ; ses paroissiens s'étaient enfuis ; il ne restait guère que les pauvres, ceux précisément qu'il aimait le plus.

« N'y eût-il de reste que deux personnes, dit-il, je leur parlerais comme si l'église était pleine. »

De toutes parts on venait lui dire de fuir ; on lui offrait un asile sûr et discret, où il pourrait échapper à la fureur de la Commune. Il n'en voulut rien faire ; nous l'avons dit, il était résolu à tout.

Enfin, dans la nuit du 4 avril, vers une heure du matin, une bande de fédérés vint frapper à coups redoublés à la porte du presbytère, situé rue Saint-Honoré, près l'Assomption. Le portier ne voulut pas ouvrir ; ils enfoncèrent la porte à coups de crosses de fusil et pénétrèrent dans toutes les chambres du presbytère de la Madeleine, pillèrent tout, se firent donner à boire par le concierge, qu'ils menaçaient le revolver au poing. L'abbé Deguerry avait réussi à se sauver, par le petit jardin de l'Assomption, dans une maison voisine.

« Il faut que nous trouvions celui-ci, » disaient-ils en montrant son portrait.

Mais l'abbé Deguerry n'était pas homme à se cacher longtemps : ce procédé répugnait à sa droiture, à sa confiance, à sa bravoure. Il se laissa voir, on le prit. On lui laissa seulement la permission de revêtir sa soutane et de prendre un petit crucifix de cuivre dont il ne se séparait jamais.

« J'ai tout ce qu'il me faut, » dit-il.

Ils partirent ; au lever du jour, il était enfermé à la Conciergerie. Jusqu'au bout, l'abbé Deguerry se fit illusion sur la malice des hommes aux mains desquels il venait de tomber. Sous ce rapport, il eut même des naïvetés d'enfant.

« Ces gens-là, dit-il, ne peuvent pas me laisser ainsi en prison, puisque j'ai la première communion à faire faire. »

Sainte et adorable simplicité des bonnes et belles âmes, que vous êtes reposante au milieu des bassesses et des vilenies de l'humanité déchue et ravalée au niveau de la bestialité ! L'abbé Deguerry, parmi les communards, ressemblait à un agneau au milieu d'un troupeau de bêtes fauves.

Un jour, Me Rousse, qui avait pu obtenir, comme nous l'avons dit plus haut, la permission de visiter Mgr Darboy et les otages, vint trouver le digne curé dans sa cellule. Il le trouva, comme toujours, gai et caustique, et il se plut à raconter à l'illustre avocat les propos ridicules, s'ils n'étaient odieux, que Rigault et Dacosta lui avaient tenus quelques jours auparavant.

« Avez-vous besoin de quelque chose? lui demanda Me Rousse.

— Merci, répondit le curé; pourriez-vous seulement m'apporter, quand vous reviendrez, la *Grandeur et la décadence des Romains,* par Montesquieu? »

Et il le remercia chaleureusement de sa visite, et le reconduisit à la porte en pleurant.

Le médecin de la prison, M. le docteur de Beauvais, ne pouvait se lasser d'admirer la noble attitude, la belle résignation de cet héroïque et doux vieillard de soixante-quatorze ans, dont la physionomie est l'une des plus belles parures de l'Église de France en cette fin de siècle. L'une de ses dernières paroles fut celle-ci :

« Si je savais que mon sang fût utile à la religion, je me mettrais à genoux pour les prier de me fusiller. »

Hélas! il n'eut pas besoin de le faire; l'heure approchait où son héroïque désir allait être exaucé.

L'abbé Deguerry commençait la cinquantième nuit de sa captivité, quand vers huit heures du soir les fédérés vinrent le tirer de sa cellule pour le conduire à la mort. On sait les affreux détails de cette scène, l'une des plus humiliantes pour l'humanité civilisée et pour la France; nous les avons longuement exposés plus haut. Il est de ces choses que l'on ne redit pas, tant elles coûtent à une âme chrétienne et fran-

çaise. Qu'il nous suffise de rappeler que le curé de
la Madeleine fut frappé de deux balles : l'une péné-
tra le crâne, l'autre traversa le poumon. Comme sa
soutane n'était pas déchirée, nous en concluons que
le vaillant vieillard avait dû présenter sa poitrine
à nu aux balles des assassins ; cette mort de brave
était bien celle qui convenait à l'ancien aumônier
militaire et au jeune rhétoricien de 1814, qui voulait
s'enrôler dans le bataillon du maréchal Augereau !

La mort du curé de la Madeleine jeta dans la
stupeur et la désolation ses paroissiens, qui l'avaient
tant aimé. On fut quelque temps sans pouvoir croire
à un tel crime. C'est l'abbé Lamazou, échappé comme
par miracle au même sort, qui annonça la douloureuse vérité aux fidèles rassemblés dans le temple,
qui venait de se rouvrir. Le 28 mai, M. Thiers,
ami du défunt, fit une mention spéciale de sa mémoire et l'appela, comme nous l'avons dit, « le
meilleur des hommes. » Ceux qui ont connu l'abbé
Deguerry savent mieux que personne combien ce
nom lui convient. L'impératrice Eugénie, en apprenant cette nouvelle, prit le deuil, ainsi que le prince
impérial, qui avait reçu de sa main vénérable la
première communion. Napoléon III, lui aussi, conçut
un profond chagrin de cette mort.

La mémoire de l'abbé Deguerry demeurera, dans
le souvenir de cette génération, comme le modèle
du vrai prêtre selon le cœur de Dieu, du bon pasteur de l'Évangile, de ces hommes qui sont nés pour
faire le bonheur des autres hommes et, partant,
pour en être les martyrs !

L'ABBÉ PAUL SEIGNERET

I

L'abbé Paul Seigneret, séminariste de Saint-Sulpice.

Il est des tombes, comme celles de Mgr Darboy et de l'abbé Deguerry, sur lesquelles il convient de placer des couronnes. Il en est d'autres, comme celle du jeune séminariste Seigneret, sur lesquelles il convient plutôt de jeter des fleurs.

Il y a entre la jeunesse et la mort des fiançailles mystérieuses, des affinités intimes qui faisaient dire aux anciens :

« Ceux qui meurent jeunes sont aimés des dieux. »

Le christianisme a projeté sur ces trépas précoces, sur ces morts prédestinées, de nouvelles lumières. Il nous apprend que les âmes n'ont point d'âge, et que, selon la parole de l'Écriture, « une jeunesse pure, immaculée, équivaut à une vieillesse pleine de la maturité des ans. »

Telle fut la vie du jeune et pieux séminariste martyr, que nous allons esquisser d'un crayon rapide, et qui ressemble à un épisode de *Fabiola*, égaré parmi les orgies sanglantes d'une saturnale de la Convention.

Paul Seigneret était né à Angers le 23 décembre 1845 ; son père était censeur de cette ville.

Nature douce, affectueuse, mélancolique, Paul se révèle surtout par ses lettres, qui sont des chefs-d'œuvre de délicatesse et de sentiment. Ce jeune homme doux et triste est de la famille des prédestinés à une mort prématurée ; il ressemble beaucoup à Paul Reynier, le poète de Marie, davantage encore à l'abbé Henri Perreyve, sans avoir pourtant sa haute culture historique et littéraire.

Au mois de septembre 1864, nous retrouvons Paul Seigneret au château de Drenenc, près Redon ; il est là comme précepteur dans la noble famille de Dresnay. Sa piété édifie, sa douceur charme tout le monde. Mme la marquise de Dresnay l'appelle « une nature vraiment façonnée pour le ciel ».

Son mysticisme est suave, plein de poésie. Sous ce ciel de Bretagne, sa mélancolie s'accroît encore ; c'est assez dire qu'il sera prêtre. Il y a des âmes qui sont naturellement surnaturelles, si l'on peut s'exprimer ainsi, et que Dieu attire comme un aimant irrésistible.

« Le seul vrai bonheur qu'il y ait en ce monde, écrit-il, c'est d'aimer Dieu et d'attendre de sa miséricorde l'heureux moment qui sera pour nous l'heure de la délivrance, le beau soir d'été où la main du divin jardinier nous cueillera comme un fruit mûr pour son éternité. »

Ainsi cette âme porte en elle la grande blessure de la vie, le mal sublime de l'infini, que Dieu seul peut apaiser et guérir.

Paul Seigneret veut le cloître; il a choisi l'abbaye de Solesmes. Quelque temps après il se demande s'il trouvera bien là, dans cette retraite opulente et douce, ce qui peut satisfaire son besoin de sacrifice et de mortification. Non, il ira à la Trappe de Bellefontaine. Mais là un obstacle l'arrête. Sa santé est trop délicate et ne peut supporter les macérations ni le labeur austère de cette vie si au-dessus de la nature. Il revient donc à Solesmes, où il est admis comme novice. Mais à la fin de l'année 1868, après avoir réfléchi, prié, consulté, il finit par se persuader que la vie simplement sacerdotale lui donnera plus immédiatement l'occasion de faire le bien, et il entre au séminaire de Saint-Sulpice.

C'est une vie bien douce et bien idéale que celle du séminaire pour une âme pieuse, mystique et qui aime le recueillement et la paix. Ces journées admirablement réglées, qui toutes se succèdent et se ressemblent, permettant ainsi de pouvoir reprendre le lendemain le travail de la veille à l'endroit précis, au point exact où on l'avait laissé; cette alternative unique du travail et de la prière, de la prière et du travail; les transitions harmonieuses de l'un à l'autre; l'édification, que l'on recueille incessamment de l'exemple des maîtres et des pieux entraînements des condisciples : tout cela réuni fait de la vie de sémi-

naire, quand on sait la comprendre, un idéal de
paix, de joie intérieure : le vrai paradis de la piété.
Un transfuge des séminaires, Ernest Renan, n'a pu
s'empêcher de rendre un sincère et complet hom-
mage à cette manière vraiment admirable de comprendre la vie lévitique, le noviciat de la vie sacerdotale.

L'abbé Paul Seigneret fut le modèle des séminaristes. Ce qui le caractérisait surtout, c'était son
aménité, sa bonté. Il a dit un jour cette parole vraiment belle et qui le peint tout entier :

« C'est si beau d'être bon ! et je serais si ingrat
si je ne l'étais pas pour les autres, après qu'on l'a
été tant pour moi ! »

Son âme était toute bonté, toute poésie, toute
sérénité. Au printemps de l'année 1870, — qui
devait être sa dernière année, — il écrivait :

« Je ne saurais assez bénir Dieu de m'avoir si vite
remis dans le bonheur et la paix. Les beaux jours
viennent dans la nature ; ils sont déjà dans mon
cœur. »

C'est un poète espagnol qui a dit :

« Il y a de beaux spectacles à contempler : les
étoiles dans le ciel et la paix dans la conscience du
juste. »

Il aurait pu ajouter :

« Et le sourire de Dieu dans l'âme pure d'un
enfant. »

Une âme pure d'enfant : voilà le séminariste Paul
Seigneret !

La guerre. — La Commune.

Après l'idylle, l'épopée. Et quelle épopée ! combien
douloureuse ! C'est bien « l'année terrible » qui
commençait.

C'était en plein siège de Paris. Séminaristes, frères
des Écoles chrétiennes, prêtres, civils : tout le monde
se faisait brancardier. L'abbé Paul Seignéret fut ainsi,
malgré sa santé délicate, à la hauteur de sa mission
patriotique et cléricale tout ensemble ; il alla soigner
les blessés dans les ambulances et les ramasser sur
le champ de bataille. Dans cette poitrine frêle, qu'un
accès de toux suffisait à briser, il y avait un vrai
cœur de soldat. Dans sa première jeunesse, d'ailleurs,
il avait hésité entre la caserne et le séminaire. Mais
alors il alternait de l'une à l'autre.

« Je suis heureux, écrivait-il en 1870, de voir
combien, au fond, ces bons jeunes gens, sous des
dehors désordonnés et grossiers, conservent encore
des sentiments honnêtes et chrétiens. J'ai vu des morts

qui m'ont arraché les larmes des yeux : de chers jeunes gens, ayant à peine une moustache naissante et qui mouraient en paix, l'amour et la reconnaissance dans l'âme. Oh! comme on donne des poignées de main par lesquelles passe tout le cœur! Comme on voudrait acheter mille fois de sa vie l'existence de ces chers malades qui en sont si dignes ! »

Il n'eut qu'un regret, celui de ne pouvoir faire davantage pour l'armée et pour la France. L'armistice venait d'être signé; c'était le 30 janvier 1871. Paul Seigneret ne se doutait pas encore que Dieu lui réservait d'autres combats que ceux qu'il venait de voir de si près et l'une de ces morts prématurées dont sa jeune âme enthousiaste chantait tout à l'heure le cantique.

Cependant l'abbé Paul Seigneret avait le regard de la colombe qui voit quelquefois plus loin que la prunelle audacieuse de l'aigle. Il pressentait l'avenir, sans pourtant le savoir si proche.

« Il y a des biens, écrit-il, que le malheur fortifie en nous : l'amour de la France, l'oubli de nos égoïsmes, l'esprit de fraternité, de dévouement, surtout le retour des âmes vers Dieu. S'il n'était ainsi, nous n'aurions, ô mon Dieu ! qu'à bénir la main miséricordieuse qui nous frappe...; mais notre tristesse redouble quand on voit le redoublement d'efforts que fait parmi nous l'esprit du mal et qu'on songe aux terribles récriminations, aux haines sociales qui vont se déchaîner plus que jamais, aigries par le malheur. »

Le séminaire de Saint-Sulpice s'était rouvert le

15 mars; le pieux abbé y accourut comme on court...
à la mort. Trois jours après, le 18, la Commune
éclatait. Le jeune Paul avait écrit peu de temps
auparavant :

« Dieu, cette année, me fera-t-il la grâce d'avoir

Séminaristes, frères des Écoles chrétiennes, prêtres, civils, tout le monde
se faisait brancardier.

à lui donner ma vie en sacrifice?... Ce serait si beau,
que je ne puis croire que tant de bonheur m'ar-
rive ! »

Il faut avouer que depuis l'ère des martyrs on a
rarement trouvé une pareille soif d'immolation, une
telle passion de la mort. Nous le disions plus haut,

là vie de Paul Seigneret est un chapitre détaché de la sublime épopée chrétienne de *Fabiola*.

Le 2 avril, la guerre civile commençait à Paris. Le 5, un état-major d'insurgés s'installait au séminaire de Saint-Sulpice ; les supérieurs invitèrent les élèves à partir le soir même.

L'abbé Seigneret voulut rester quand même.

Le lendemain, les supérieurs lui renouvelèrent la même injonction. Pour obéir, l'abbé consentit à se rendre avec un de ses condisciples à la Préfecture de police pour y chercher un passe-port. Les deux jeunes gens étaient en soutane. Un garde national, sous des dehors obligeants, leur dit de le suivre. On les fit entrer dans un bureau où un officier fédéré, à moitié ivre, tenait des discours obscènes avec une femme.

« Lâches calotins ! leur cria-t-il, fainéants, qui ne songez qu'à fuir quand les bons citoyens volent au combat ! Attendez ! je vais vous en donner un laisser-passer ! On va vous faire un billet d'écrou, et vous serez fusillés ! Jamais nous ne pourrons vous rendre tout le mal que vous nous avez fait ! »

Toujours la même brute humaine, toujours ces bouches obscènes, avilies, qui distillent le vin et le sang. L'abbé Seigneret demeura impassible au milieu de cette orgie ; il semblait qu'on parlait autour de lui une langue qu'il ne comprenait pas. On le conduisit avec quelques autres de ses condisciples au dépôt de la Préfecture de police, où il trouva six Pères jésuites, qui y étaient incarcérés depuis trois jours.

La seule pensée d'être emprisonnés un jour de

vendredi saint fut pour ces saints prêtres une grande consolation : c'était leur passion qui commençait. Mais le plus joyeux de tous, le plus détaché de ce monde et de la vie, le plus saintement fier de ressembler à Jésus-Christ, c'était certainement le séminariste Seigneret.

Commencé le vendredi saint au dépôt de la Préfecture de police, la captivité de l'abbé Seigneret et de ses compagnons de chaînes se continua comme celle des autres otages à Mazas et à la Roquette, en attendant le dénouement final de la rue Haxo.

Dans sa cellule n° 19 de Mazas, le pieux séminariste ne s'est jamais ennuyé un instant. Il se levait à quatre heures du matin et se couchait plus tard que les autres détenus. Il lisait, méditait, annotait la Bible, commentait les Épîtres de cet autre captif, saint Paul, qui était si fier lui aussi de s'appeler le prisonnier du Christ, « *vinctus Christi* ».

« J'ai trouvé, écrit l'abbé Seigneret à ses parents, une bonne petite cellule avec un coin du ciel où s'envolent mes pensées, un hamac qui m'a rendu le sommeil, la possibilité du travail, le silence, la paix... J'ose à peine dire que j'y vis heureux, sans inquiétude, à la complète disposition de Dieu.

« Dans cette vie d'intimité avec Notre-Seigneur Jésus-Christ et dans les réflexions qui nous sont venues, nous avons eu l'occasion de sentir que nous sommes bien entièrement à Jésus-Christ et que Lui seul nous suffit. Que le monde se ferme sur nous, et avec Lui nous aurons toujours la souveraine joie. »

Ces lignes sont dignes des Actes des martyrs. Et comme cette âme affectueuse, douce, aimante, se répand en suaves effusions ! Il se transporte par la pensée dans ces splendides prairies de la Loire qu'il aimait tant, et il s'écrie :

« Douce paix, radieuse harmonie de la nature ! Quelle amère ironie on trouve dans ton contraste avec les fureurs des hommes ! »

Un jour, à propos du renversement de la colonne Vendôme, il lit ce que dit le *Journal de la Commune* annonçant que maintenant ce n'est plus aux choses matérielles qu'ils vont s'attaquer, mais que des représailles terribles vont s'exercer sur la réaction et les personnes qui la représentent. Ce journal homicide, l'abbé Seigneret l'envoie à son voisin de cellule par un gardien ; il a annoté le passage menaçant et sanguinaire de cette seule ligne qui dit toute la joie de son espérance : « *Te Deum*, mon cher frère ! »

Mais le Calvaire se dresse. On est au 21 mai ; les Versaillais sont entrés à Paris ; leurs troupes dominent les hauteurs du Trocadéro. Le lundi 22 mai, un ordre émané de la Commune enjoint au directeur de la prison de Mazas « de transférer de suite à la Grande-Roquette les principaux otages : l'archevêque, le président Bonjean, tous les prêtres, mouchards, sergents de ville, etc., qui peuvent avoir quelque importance comme otages ».

Les deux jeunes séminaristes, Seigneret et Gard, sont les premiers sur la première liste, qui est composée de dix-huit prisonniers. On les entasse dans des fourgons de factage du chemin de fer de Lyon. Nous avons dit ailleurs ce que fut ce douloureux trajet au milieu des insultes, des outrages, des cris de mort d'une populace hideuse, écume du peuple, lie de la cité, qui poussait des vociférations de bêtes fauves qui respirent le sang.

« Hélas! Monseigneur, dit un prêtre en se penchant vers l'illustre et infortuné Mgr Darboy, voilà donc votre troupeau! »

Mais l'abbé Paul Seigneret ne laisse paraître aucun trouble, aucune indignation. Il regarde ce peuple avec ces yeux pleins de douceur, avec ce sourire de bonté qui illuminait toujours son doux et bon visage. Son voisin et son condisciple, l'abbé Gard, de qui nous tenons ces détails, nous dit qu'il ne l'avait jamais vu si beau.

« Auprès de lui, dit-il, je me sentais fort, je ne pouvais faiblir, j'aurais voulu être fusillé dans ce moment. »

On donna à l'abbé Seigneret la cellule n° 17 de la Grande-Roquette. Le lendemain 23 mai, un jour splendide se levait au ciel; c'était comme le sourire de Dieu aux martyrs qui allaient verser leur sang, dans un seul calice et dans un holocauste unanime pour Lui.

L'abbé Paul Seigneret écrivit une dernière lettre, qui est comme le chant du cygne de cette belle âme blanche et pure, que le sang du dernier sacrifice allait bientôt empourprer. Cette lettre, il l'écrit à un ami, M. Dechelette, son voisin de cellule à Mazas, et il la termine ainsi :

« Vous dire la fête où je suis est chose difficile.

Adieu encore une fois! Si nous ne nous revoyons pas, dites à tous ceux que nous aimons combien j'ai toujours pensé à eux. Que Dieu vous garde! Je mourrais si heureux si je vous savais sain et sauf! Je vous embrasse de tout cœur. »

Le 23, mardi, l'abbé Seigneret put communiquer avec son voisin, le pieux abbé Planchat, par l'intervalle qui existe entre la cloison et les barreaux de la fenêtre. Ils en profitèrent pour réciter en commun leur bréviaire, le Rosaire, et lire un chapitre de l'*Imitation*, ce livre qui a consolé tant d'infortunes, séché tant de larmes et converti La Harpe dans les cachots de la Terreur. Hélas! n'était-ce pas **un** cachot de la Terreur, encore, que cette cellule de la Roquette au 24 mai 1871? Toutes les révolutions se ressemblent, « elles sont sans entrailles, » a dit Joseph de Maistre.

Le mercredi 24 mai, le pieux séminariste captif vit par la lucarne de sa cellule les six premières victimes descendre le chemin de ronde; il entendit quelques minutes après les sinistres détonations : le premier holocauste était consommé.

Le 25, il y eut encore une récréation en commun pour les prisonniers. Le vendredi 26, à trois heures et demie du soir, le brigadier Ramain, ce fanfaron sinistre dont nous avons déjà esquissé l'odieuse physionomie et la désinvolture cynique, s'avança vers le milieu du corridor, une liste à la main.

« Messieurs, dit-il en souriant (ce sourire de l'assasin en face de sa victime!), répondez à l'appel de vos noms. Il m'en faut quinze! »

Le premier appelé, c'est le R. P. de Bengy ; puis l'abbé Seigneret, son condisciple, l'autre séminariste, l'abbé Gard, ne l'est pas, pourquoi ? Le crime, lui aussi, comme la mort, a ses fantaisies, ses caprices. Les quinze otages appelés ont donc répondu à l'appel de la mort ; car c'est elle qui parle par la bouche ironique du vaurien qui vient de prononcer un à un tous les noms marqués sur sa liste. On leur adjoint trente-cinq gendarmes ou soldats destinés eux aussi au supplice. Il y a vingt-cinq gendarmes, dix gardes de Paris, dix ecclésiastiques, deux civils. Parmi les ecclésiastiques, les RR. PP. Olivaint, Caubert, de Bengy, de la Compagnie de Jésus ; quatre Pères de Picpus, l'abbé Planchat, l'abbé Sabatier et l'abbé Seigneret.

Il est quatre heures du soir. Le cortège se met en route, ayant à sa tête un agent de la Commune qui porte le drapeau rouge. On se dirige sur Belleville, vers un enclos destiné à devenir une salle de bal public, près la cité de Vincennes. Les otages, qui n'ont pas mangé depuis la veille, tombent presque de défaillance. Mais leur corps va bientôt tomber sous la balle homicide et sacrilège des assassins. On attend cependant une demi-heure environ, laissant les victimes au n° 85 de la rue Haxo ; les bourreaux veulent boire, ils ont soif, le sang altère ! Enfin un artilleur fédéré, un véritable hercule de foire, est posté sur le seuil de la grille d'entrée. A chaque victime qui passe devant lui, il assène un coup de poing formidable qui quelquefois renverse à terre le pauvre martyr ; puis le massacre commence, il dure plus d'un quart d'heure. Les femmes sont pires que les hommes. Revolvers, chassepots, coups de crosse de fusil, baïonnettes, tout est bon, tout se confond, s'entremêle, se croise sur la poitrine des otages; puis, pour couronner le tout, les bourreaux font pleuvoir une grêle de balles sur les quarante-sept cadavres.

« Bien travaillé, les amis! » disent les femmes de la Commune aux bandits qui viennent de consommer leur abominable forfait.

Le lendemain, des hommes, ou plutôt des bêtes humaines, vinrent avec des couteaux de boucherie déchirer, lacérer les vêtements des victimes et voler sur eux les quelques objets qui pouvaient avoir une valeur quelconque. Dans ce mélange horrible mais glorieux de cadavres mutilés, défigurés, le plus beau, le mieux conservé, le plus reconnaissable était celui du séminariste Paul Seigneret. On eût dit que le virginal et angélique martyr s'était endormi dans une vision du ciel, comme les confesseurs de la primitive Église; son visage pâle, embelli par l'auréole de la mort, ressemblait à un lis qui aurait fleuri miraculeusement pendant la nuit, dans du sang.

Nous avons terminé ce récit douloureux des actes des martyrs de la révolution de 1871. Nous avons voulu tout dire, ne rien cacher, pour montrer combien l'homme est cruel à certaines heures, et ce que devient un peuple quand la pensée de Dieu s'est en allée de sa conscience et de sa foi. Avis à ceux qui veulent élever dans notre France des générations sans religion, sans Évangile et sans Dieu!

« Le paganisme, a dit Ozanam, n'est pas mort, il n'est qu'endormi dans le cœur de l'homme. »

Les orgies sanglantes des gladiateurs de la Commune, que nous venons de retracer, nous le prouvent mieux que toute l'histoire. Malheur à qui réveille le tigre qui sommeille dans l'humanité sans Dieu! celui-là sera le premier dévoré par le fauve. Puissent les lueurs sinistres que le souvenir de la Commune projette sur cette fin de siècle apprendre au siècle nouveau qui se lève à quelle autre clarté il devra marcher pour conduire le monde vers de meilleures destinées!

C'est à la lumière de la mort que doivent s'allumer les flambeaux de la vie; des profondeurs de leur crypte funéraire, les martyrs de la rue Haxo rappellent à la France sa vraie vocation et lui prophétisent son châtiment, si elle est encore infidèle!

TABLE

MONSEIGNEUR DARBOY

L'ABBÉ DEGUERRY

L'ABBÉ PAUL SEIGNERET

———

3ᵉ SÉRIE PETIT IN-8ᵉ

Nᵒ 5307

Portrait de Mgr Darboy.

MONSEIGNEUR DARBOY

L'ABBÉ DEGUERRY

L'ABBÉ PAUL SEIGNERET

TOURS

MAISON ALFRED MAME ET FILS

PRÉFACE

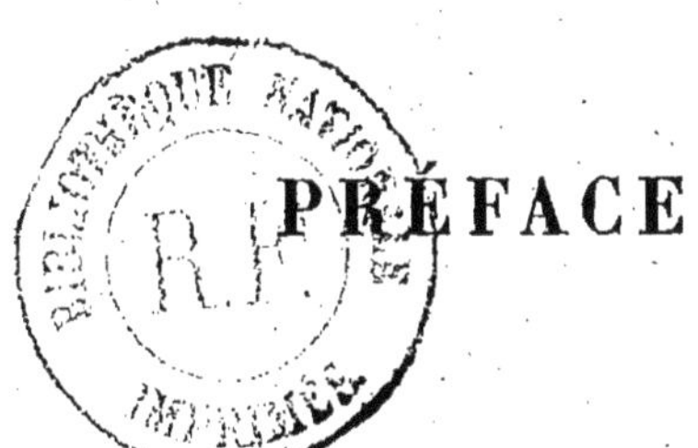

Les œuvres de l'abbé G. Darboy. — Son départ de Langres.
— Son séjour et ses divers ministères à Paris.

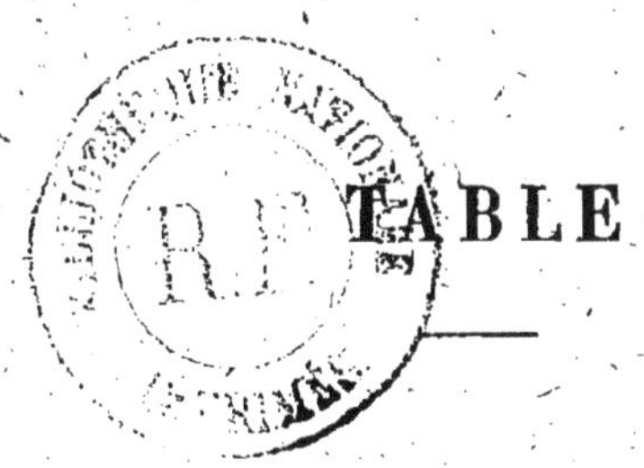

39015. — Tours, impr. Mame.

www.ingramcontent.com/pod-product-compliance
Ingram Content Group UK Ltd.
Pitfield, Milton Keynes, MK11 3LW, UK
UKHW021124220726
13924UKWH00004B/1895